Hartmut Lohmann

Lebensenergie im Gleichgewicht

Hartmut
Lohmann

Lebensenergie im Gleichgewicht

Die Versöhnung mit der Urangst

Wichtiger Hinweis

Die im Buch veröffentlichten Empfehlungen wurden von Verfasser und Verlag sorgfältig erarbeitet und geprüft. Eine Garantie kann dennoch nicht übernommen werden. Ebenso ist die Haftung des Verfassers bzw. des Verlages und seiner Beauftragten für Personen-, Sach- und Vermögensschäden ausgeschlossen.

© 2014 KOHA-Verlag GmbH Burgrain
Alle Rechte vorbehalten
Lektorat: Maria Müller-de Haën
Covergestaltung: Sabine Dunst / Guter Punkt, München,
unter Verwendung eines Motivs von agsandrew / shutterstock
Ornamente: Fotolia
Farbgrafiken: Hartmut Lohmann und Martin Otto Wertsch
Layout: Birgit-Inga Weber
Gesamtherstellung: Karin Schnellbach
Druck: CPI Moravia Books
ISBN 978-3-86728-244-4

Inhaltsverzeichnis

Einleitung 7

Bewusst sein
۞ Gefühle und ihre Bedeutung ۞ 13

Die Lebensenergie 13
Die Chakras 16
Jenseits des Todes 18
Frühere Leben 23
Die Kraft der Entscheidung 25
Negative Gedanken 29
Quelle der Gefühle 32
• Übung: Bedürfnisse stillen 36
Die fünf Persönlichkeitstypen 38
Fallbeispiel: Kriminelle Gefühle 44
Liebe deine Angst 47
Formen der Angst 50
• Übung: Keine Angst vor der Angst 53
Die Urangst 55
• Übung: Die Versöhnung mit der Urangst 60
Fallbeispiel: Die Wut kochen statt kochen vor Wut 64
Wut und Enttäuschung 66
• Übung: Die Wut herausstrahlen 71
Schuldgefühle, Selbsthass und Leistungsdruck 73
Fallbeispiel: Das beißende Gewissen 73
• Übung: Das Gewissen erleichtern 78

Glücklich sein
◎ **Das Leben in Balance** ◎   97

Fallbeispiel: First Love is the Deepest	97
Die Liebe	100
Erfüllte Partnerschaft	104
Liebe mit Lust	113
Streit und Versöhnung	117
Die Last der Familie	119
Die Eltern	122
Unausgesprochene Aufträge	130
Seelische Paradoxien	132
Gesunder Selbstwert	134
Kindererziehung	135
Bindungsängste	139
Sanfte Trennung	141
Fallbeispiel: Das Land der Kindheit brennt	144
Geschwisterkonflikte	145

Gesund sein
◎ **Krankheiten sanft heilen** ◎   149

Eigenresonanz	149
Kurieren wir uns krank?	158
Lichtnahrung	161
Bestellungen beim Universum	164

Abbildungen	80–93
Anmerkungen	168

Einleitung

> »*Man sieht nur mit dem Herzen gut.
> Das Wesentliche ist für die Augen unsichtbar.*«
>
> Antoine de Saint-Exupéry

Gott im 21. Jahrhundert

Alles ist mit allem verbunden. Eine Aussage, die auf das kosmische Bewusstsein ebenso zutrifft wie auf den modernen Alltag. Mit dem »Internet der Dinge«, dem Web 2.0, tritt eine uralte Weisheit in unser Leben: Alles hat Bewusstsein. Die Daten, die wir elektronisch erfassen, haben immense Volumen angenommen. Computer lernen, menschliche Gefühle vorherzusehen. Sie errechnen Verkaufszahlen und Maschinenausfälle, erkennen eine Krankheit vor ihrem Ausbruch und warnen uns, bevor etwas passiert.

Das ist Wahrsagen mit ausgeklügelter Technik. In Zukunft wird unsere Kaffeemaschine autonom Kaffee nachbestellen, der Kühlschrank Milch und Butter, und das Auto holt uns ab – es weiß, wo es ist, und weiß, was es ist … Die materielle Welt um uns herum wird lebendig, so wie sie es im Reich des Bewusstseins schon immer war. Die Materie dient uns; sie weiß, was wir brauchen, wie die geistige Welt es schon immer tat. Und sie wird allwissend, wie es jeder Einzelne von uns bereits ist.

Wir haben begonnen, die Welt mit einer Haut aus Sensoren zu überziehen. Bald schon fühlen unsere Computer die feinsten Schwingungen im Raum. Schon jetzt bekommen wir exakt die Werbung zu sehen, die unserem Käuferprofil entspricht. Ein und dieselbe Internetseite zeigt zwei verschiedenen Besuchern grund-

verschiedene Werbung. Das entspricht dem Gesetz der Resonanz. So wie wir in die Welt hineinschauen, blickt die Welt auf uns zurück. Wer gierig in die Welt blickt, wird nichts anderes sehen als das, was seine Gier nährt. Und wer die Welt liebevoll betrachtet, wird immer etwas finden, das seine Liebe verdient.

Es sind nicht nur wir Menschen, die im Kontakt mit den Computern lernen. Umgekehrt lernen auch die Computer den Menschen kennen. Wir nähern uns dem Reich des Bewusstseins immer weiter an. Alles wird göttlich. Alles wird intelligent.

Die moderne Technik hilft uns, die Funktionsweise unseres eigenen Bewusstseins besser zu verstehen. Jede Information ist an jedem Ort der Welt verfügbar. Fernwahrnehmung und Fernheilung sind dem Öffnen und Schließen einer Internetseite vergleichbar. Das Bewusstsein gleicht dem Internet. Es ist interaktiv. Doch im Umgang mit diesem »kosmischen Internet« verhalten sich viele Menschen noch immer, als würden sie vor einem außerirdischen Computer sitzen. Und dieser Computer ist wahnsinnig kompliziert. Schon die Formeln und Gleichungen, die für sein Funktionieren nötig sind, versteht niemand auf unserem Planeten. Zugleich bedienen selbst Kinder diese hochkomplexe »Maschine« ihres Bewusstsein in müheloser Selbstverständlichkeit. Wie gelingt ihnen das? Mit einer benutzerfreundlichen Oberfläche.

Wir können die Verarbeitungsprozesse des Bewusstseins so komplex aufschlüsseln, dass nur wenige Menschen auf unserem Planeten sie noch verstehen. Oder wir halten es simpel, damit selbst Kinder es begreifen.

Dieses Buch möchte dir eine benutzerfreundliche Oberfläche für dein Bewusstsein bieten. Denn so viel hast du sicherlich schon verstanden: Das kosmische Bewusstsein und dein eigenes sind identisch. Es gibt kein privates Internet und kein persönliches Bewusstsein. Wir alle sind göttlich. Und wir sind alle gemeinsam göttlich. Es wird Zeit, das zu nutzen.

Ich bin nicht hellsichtig geboren, wohl aber übersensibel. Die Schattenseite dieser Feinfühligkeit begann sich bei mir im Alter von vier oder fünf Jahren zu zeigen. Als kleiner Junge hatte ich immer das Gefühl, mir flüstere jemand ins Ohr. Das waren Stimmen, die sich viele Jahre später als zwei Geistwesen vorstellten: Pyrox und Üstase. Das waren natürlich nicht ihre richtigen Namen, aber so konnte ich sie verstehen. Pyrox sah aus wie ein Gentleman des 19. Jahrhunderts, mit schwarzem Zylinder und Frack. Üstase war ein ergrauter, sehr weibischer Mann und zeigte sich gerne übertrieben glamourös, vergleichbar einem Transvestiten.

Diese Wesen hatten eine verstörende Wirkung auf mich, nicht nur, weil sie niemand außer mir sehen oder hören konnte: Sie liebten es, paradoxe Informationen preiszugeben, was mein zukünftiges Wohlergehen betraf. Ich erinnere Aussagen wie: »Sag nicht, dass wir nicht deine Freunde wären, wir sind es nämlich nicht ... Wir sind die besten Freunde, die du *hasst* ... Irgendwann verstehst du es schon. Je mehr du dich wehrst, desto schlimmer muss es werden.«

Ihre Haltung dem Leben und Sterben gegenüber ging weit über das hinaus, was ein kleiner Junge verstehen konnte. Sie standen außerhalb von Raum und Zeit, und ihr einziger Leidensdruck war eine Art quälende Langeweile. Da niemand anderes außer mir sie hörte oder sah, blieb ihnen nichts anderes übrig, als sich mit mir zu unterhalten. Zuweilen sprachen sie auch miteinander, und ich hörte nur zu. Schlimm war es, wenn sie sich in meiner Gegenwart über mich unterhielten. Auf meinen Wunsch hin, sie sollten endlich verschwinden, lachten sie nur empört und beharrten darauf, ich sei es, der sie festhalten würde, und nicht umgekehrt.

Wie gesagt, das war alles sehr viel für mich in diesem Alter. Doch so viel konnte ich verstehen: Unser Leben birgt unter der Oberfläche rätselhafte Wahrheiten – Wahrheiten, die wir erst verstehen, wenn wir uns von Raum und Zeit lösen. Für einen Menschen sind diese Wahrheiten paradox, wie etwa die Aussage: »Solange du willst, dass wir gehen, müssen wir bei dir bleiben.«

Viele Jahre später konnte ich die Aura von Menschen, Tieren und Gegenständen sehen. Alles ist von einem farbenfroh schillernden, gläsern schweifenden Nimbus umgeben, der wie ein Hologramm

die Gefühle, Gedanken und Bewegungen des individuellen Bewusstseins enthält. Die feinstoffliche Ebene der Wirklichkeit ist für mich so wichtig geworden, weil sie uns zu dem macht, was wir sind. Wer nur die Materie kennt und sieht, der sperrt sich selbst in einen engen Körper ein, begrenzt die Zeit und verschließt den Raum mit kleinen, egoistischen Gefühlen. Wer aber die Angst vor seiner eigenen Größe verliert, wächst über das Menschliche hinaus, um das Göttliche in sich zu berühren.

So parallel wie unsere Wirklichkeitsdimensionen sind auch die Worte und Bilder in diesem Buch. Sie haben eine Oberfläche. Darunter kannst du fühlen und erlernen, was nicht ausgesprochen werden kann.

Die Theorien und Praktiken, die ich dir vermitteln möchte, wurden nicht leichtfertig entwickelt. Sie entstanden unter der Gefahr, krank und mittellos zu werden, hätte ich mich geirrt. Bevor ich wusste, dass es keine negativen Energien und Gefühle gibt, musste ich entsprechend handeln, um meine Behauptung zu beweisen. Bevor ich sicher war, dass es keine Energieräuber und -vampire gibt, ließ ich den seelischen Durst und Hunger ganz nah an mich heran. Und ehe ich verstand, dass schwarze Magie und Voodoo nur bei jemandem funktionieren, der autoaggressiv ist, verteilten wir mit meinem Buch Eintrittskarten in mein Energiesystem. Und das hatte Folgen.

Das Prinzip der Effizienz lässt sich durchaus auf die Meditation übertragen. Wer monatelang ohne Erfolg eine Praxis ausübt, sollte seine Techniken überdenken. Was wirklich hilft, hilft auch sofort. Darum halte ich in diesem Buch nichts für mich zurück. Das tue ich nie. Jeder darf alle meine Geheimnisse erfahren.

Eigenresonanz bedeutet, Überzeugungen im eigenen Leben zu vertreten und sie zu leben. Es heißt, aus Fehlern zu lernen, statt sie peinlich berührt zu vertuschen. Banker, die uns zu Investitionen raten, die sie selbst nie tätigen würden, brauchen wir nicht. Ärzte, die uns Medikamente verschreiben, die sie selbst nicht einnehmen würden, brauchen wir ebenso wenig. Und wir brauchen auch keine Bücher, deren Urteile für den Autor keine Konsequenzen haben. Es ist an der Zeit, wieder Verantwortung für sich und sein Leben zu übernehmen.

Ich wünsche dir, dass du ab morgen mit einem Gefühl der Freiheit und Freude aufstehst! Ich wünsche dir, dass es dir so gut geht wie noch nie zuvor! Ich wünsche dir, dass du dich selbst als Licht erkennst. Dass du dich so liebevoll siehst, wie ich dich sehe. Und dass du bei aller Größe und Schönheit, die dir gebührt, dein Herz an jeden Augenblick verschenkst.

Deine Seele wiegt mehr als alles Leid der Erde zusammen. Dein Körper ist leichter als ein Gefühl. Und dein Geist reicht weit über die Grenzen des sichtbaren Universums hinaus. Unsere Sinne reichen so weit wie unsere Liebe.

Wenn dich ab morgen jemand fragt: »Wie geht es dir?«, dann kannst du ihm sagen: »Sobald ich es mir gönne, gut! Und jeden Tag besser.«

Bewusst sein

⁜ Gefühle und ihre Bedeutung ⁜

*»Dein Herz und mein Herz
sind alte Freunde.«*

Hafiz

Die Lebensenergie

Die kürzeste Definition der Lebensenergie, die ich kenne, beschreibt sie als Schwingungen reiner Information. Informationswellen formen sich zu Lebensenergie. Wie wir aus der Quantenphysik wissen, ist Information weder an den Raum noch an die Zeit gebunden. Die Informationswellen des Lebens breiten sich also in Raum und Zeit aus, obwohl sie weder Raum für sich brauchen noch eine begrenzte Zeitspanne füllen. Das zu verstehen ist schwer, du solltest es besser selbst erleben. Dazu kommen wir noch.

Die Welt, wie ich sie sehe, besteht aus mehreren Schichten oder Dimensionen, die parallel und übereinander existieren. Das Reich der Energie liegt zwischen der Welt der Materie und dem Feld des Bewusstseins. Betrachte ich eine Blume oder einen Menschen, sind beide von schillernd farbigen Lichtwolken umhüllt. Dieses rauchförmige Licht tritt aus ihren Körpern aus, je nachdem, was sie gerade fühlen, denken oder tun. Eine im Geiste vollzogene Handlung wird durch ihre Energie sichtbar. Gefühle gleichen diesen »geistigen Handlungen«. Werden wir wütend, strahlen sie als orangene Blitze aus uns heraus. Werden wir geliebt, schmiegen sie sich in grünen Wellen um unseren Körper. Die Leichtigkeit des Seins beflügelt uns in gelben Energien der Freude. Oder es weht die kühle Brise geistiger Klarheit durch den Raum.

Diese Empathie – das Fühlen der Gefühle anderer Menschen – ist gelegentlich so weit ausgebildet, dass es weder orts- noch zeitgebunden ist. So fühlen wir, wie sich ein Mensch fühlt, obwohl er Tausende Kilometer entfernt ist. Und wir können spüren, was uns am nächsten Tag, in der nächsten Woche oder in einem Jahr passieren wird.

Diese Phänomene sind möglich, weil die Lebensenergie raum- und zeitlos ist. Distanzen schrumpfen auf null, und ich sehe und fühle einen Menschen in meinem Inneren, so als stünde er vor mir. Dass die Lebensenergie auch zeitlos ist, birgt ein ebenso großes Potenzial. Unsere Zukunft hat in Wahrheit einen ebenso großen Einfluss auf unsere Gegenwart wie unsere Gegenwart auf die Vergangenheit. Räumliche Entfernungen verschwinden, sobald wir den Zustand unseres Geistes erweitern. Zeitlinien verschwimmen. Gestern, heute und morgen sind in Wahrheit so wenig getrennt wie du und ich. Die Parallelen der Zeit berühren sich in der Unendlichkeit.

Je tiefer wir in das Reich der Energie vorstoßen, desto schillernder werden das Leben und die Menschen um uns herum. Die alten Schwarz-Weiß-Muster lösen sich auf und machen Platz für ein Nebeneinander der Gefühle und Extreme. Früher habe ich einen Menschen angesehen und ihn als freudvoll oder traurig, wütend oder gelassen erlebt. Heute sehe ich jeden Menschen in all seinen komplexen Gefühlen aus der Kindheit, der Gegenwart und teilweise sogar der Zukunft. Niemand ist nur glücklich oder nur traurig. In Wahrheit fühlen wir pausenlos in vielen unterschiedlichen Facetten und geben dem stärksten Gefühl nach.

So sehe ich die Trauer, während sich jemand freut, aber auch Liebe, während jemand trauert. Ich sehe die Enttäuschung, während jemand lacht, und die Gelassenheit in einem Tobsuchtsanfall. Jedes Gefühl ist jederzeit da. Es kann in verschwindend kleinen Mengen vorhanden sein, aber es ist vorhanden. Es wartet, vertraut und hofft auf seine Stunde, in der es wieder aufblühen darf, um unser Leben zu bereichern. Das gilt für die Liebe ebenso wie für die Wut. Wir alle sind Künstler. Wir bemalen unsere Seele mit den Gefühlen, die wir hegen. Je ausgelassener wir dabei vorgehen, desto versöhnlicher erleben wir auch negativ gewertete Gefühle, die zur Symphonie des Lebens gehören!

Wie in der Farbgrafik »Energetische Kommunikation« (S. 82/83) zu sehen ist, gibt es unterschiedliche Formen der energetischen Kommunikation. Im Reich der Energie gibt es immer einen festen Kern, also ein Zentrum, und eine kugelförmige Hülle. Das ist die Urform allen Lebens, sei es eine Eizelle, ein Chakra, ein Planet oder der ganze Kosmos. Dies ist die erste und letzte Form, die sich das Bewusstsein gibt.

Das Zentrum ist immer strahlend weiß und besitzt die höchste Energie. Von hier aus kann Energie ausgestrahlt werden. Es ist aber auch unser sensibelster Punkt, das Herz bzw. die Seele, die hier berührt werden kann. So lässt sich die Hülle um den sensiblen Kern verdichten, um etwas von uns fernzuhalten. Oder aber wir öffnen uns, um zugänglich für die Einflüsse von außen zu sein. Diese Prinzipien sind universell. Sie gelten für alles im Universum. Wir können Energie aus unserer Mitte herausstrahlen, um etwas mit unserer Energie aufzuladen oder um es zu scannen. Wir können aber auch den kompletten Zustand eines anderen Lebewesens in uns spiegeln. Körperliche, geistige und energetische Eigenschaften oder Symptome gehen so auf uns über. Umgekehrt lässt sich ein Schutzschild aufbauen, um Energien wegzudrücken. Oder wir bleiben in uns geschlossen und projizieren Informationen und Energien an einen anderen Ort – welche Energie, ist mit etwas Übung uns überlassen.

Wie das im Einzelnen funktioniert, werden wir später lernen. Zunächst reicht es, diese Grundprinzipien verstanden zu haben. Wenn ich davon spreche, seinen Partner mit einem Gefühl »anzustrahlen«, ist damit gemeint, die Energie wie einen Scheinwerfer auf ihn zu richten. Wenn ich sage, Kinder »informieren« ihre

Eltern über ihre Bedürfnisse, müssen sie dafür ihre Eltern nicht anstrahlen. Anstrahlen und Informieren sind grundverschiedene Techniken der energetischen Kommunikation.

Die Chakras

Ein Chakra gleicht in meiner Wahrnehmung einer farbig leuchtenden Kugel, deren hellweißem Zentrum Energie entströmt. Diese Energie fließt entlang zwei spiralförmigen Trichtern und pulsiert in feinen Energiekanälen durch den ganzen Körper. Die Farbe eines Meridians, also einer Energiebahn, entspricht der Farbe seines Chakras. In dieser Form gleicht das Chakra einem feinstofflichen Herzen. Es pumpt Energie in das System der Energiekanäle.

Es gibt sieben Hauptchakras, die entsprechend dem Farbspektrum von unten nach oben aufgefächert sind. Alle psychischen und physischen Aspekte des Lebens sind in diesem Spektrum enthalten.

Leid ist eine Fehlkonstruktion im Energiesystem. Niemand anderes außer uns selbst hat diese »Konstruktion« errichtet. Und darum bedarf es auch niemanden außer uns selbst, es aufzulösen.

Dabei ist es hilfreich, zu wissen, wo sich die Themen verstecken, unter denen wir leiden. So sinnlos es wäre, bei Liebeskummer in seinen Ellbogen hinein zu fühlen, um diesen Kummer zu lösen – so sinnlos ist es, bei Wut oder mangelnder Lebensfreude mit dem Wurzelchakra zu arbeiten. Wir müssen wissen, wo sich die Themen des Lebens in unserem Körper spiegeln. Dazu betrachte jetzt das Schaubild auf S. 84/85.

Die Chakras liegen kugelförmig in der Mitte des Körpers, aufgereiht wie Perlen auf einer Schnur. Diese Schnur ist ein weißer Energiekanal, der unter dem Namen *Pranaröhre* bekannt ist und der unsere erste und primäre Körperform darstellt. Mit den Chakras wiederholen wir unsere Erfahrungen, Gefühle und Gedanken. So bleiben sie lebendig, im Positiven wie im Negativen. Wer wenig Liebe in seinem Leben erfahren hat, gönnt sich auch jetzt noch wenig Energie des Herzchakras. Sein Herzchakra wird blockiert und sein Energiefluss reduziert. Obwohl das Chakra selbst unermüdlich versucht, diese Blockaden zu lösen, ist die Kraft des Willens stärker. Die Blockade bleibt erhalten, damit unsere seelische Realität zu der erlebten Wirklichkeit passt.

Filmische Sequenzen eines Traumas können so in einem Chakra enthalten sein. Je stärker eine Erinnerung emotional aufgeladen wurde, desto mehr Lebensenergie ist darin gebunden. Diese Energie wird frei, sobald die Blockade aufgelöst wird. Doch erst der Widerstand gegen diese Energie und Erfahrung erzeugt das unangenehme Empfinden in Körper und Geist.

Spirituelle Entwicklung bedeutet für mich, die negative Wertung und damit negative Erfahrung aufzulösen. Wir befreien unsere Energie vom Klebstoff der materiellen und biografischen Verhaftung, wodurch wir mehr und mehr in einen Zustand der Raum- und Zeitlosigkeit übergehen. Wir werden, was wir sind.

Als solche Wesen fallen wir zum Teil aus den gesellschaftlichen Rollen. Die von Raum und Zeit abgelöste Realität, in der wir leben, passt nur bruchstückhaft zu der räumlich und zeitlich orientierten Realität unserer Kultur. Davor haben wir Angst. Lieber speichern wir ganz tief in uns verborgen die Überzeugung, von unserem Vater nicht geliebt zu werden, als dass wir uns dafür entscheiden, frei zu sein, ohne einen Vater oder eine Mutter. *Die Freiheit macht uns Angst. Wir haben Angst, unseren inneren Halt zu verlieren, unsere Freunde, unseren Beruf, unsere Identität.*

Spirituelle Entwicklung, wie ich sie verstehe, scheitert meist an der Sorge, nicht länger in den festgelegten Rollen zu funktionieren, die wir ein Leben lang aufgebaut haben.

Stell dir vor, du wärst mit allem versorgt, was du brauchst, mental, emotional und materiell … Von wie vielen Fesseln wärst du befreit? Bist du noch das Kind, der Mitarbeiter oder Freund, der du sein sollst? Was ist mit den Zielen, die du in deinem Leben hattest? Was wird dein Partner dazu sagen? Womöglich fühlen sich deine Freunde von so viel Glück und Liebe eher abgestoßen als

angezogen. Denn es ist ein Grundbedürfnis des Menschen, nicht angestrahlt, sondern gespiegelt zu werden. Wer einen empörten Menschen mit Liebe anstrahlt, kann noch mehr Empörung ernten. Das ist die Realität. Und es wird Zeit, darüber zu sprechen. Die Barriere zur Erleuchtung ist so dünn wie Haut. Denn nicht die Erleuchtung ist das Problem, sondern wir selbst. Wir fürchten uns vor der Klarheit, Freude und Liebe. Wir fürchten uns davor, feinfühlig zu sein! Wir haben Angst vor unserer Klarheit, die uns zu etwas macht, was jenseits des Menschlichen ist – jenseits unserer Kultur, jenseits unserer Familie, jenseits von allem, was wir gelernt haben.[1]

Jenseits des Todes

Dies führt uns zu einem weiteren, sehr angstbesetzten Thema – dem Tod, der in unserer Kultur mit dem Ende des Lebens gleichgesetzt wird. Zu Ende ist jedoch lediglich dieses eine, physische Leben. Wenn wir den physischen Tod als einen Übergang in eine andere Form des Lebens begreifen, schwindet die Angst.

Der Kuss des Todes ist weich und süß und erweckt uns zum ewigen Leben. Der Prozess des Sterbens geht mit großer Erleichterung und Freude einher. Der materielle Körper wird abgelegt, die Hindernisse, die der Liebe und der Freude im Wege stehen, schwinden.

Aus diesem Grund bereuen viele Tote ihre schlechten Taten im Leben, da diese zumeist ihren Ursprung in fehlender Liebe und mangelnder Freude hatten. Die Zwischenwelt, in die sie eintreten, enthält ihren Energiekörper für immer, jedoch nicht als starren »Datensatz«, sondern lebendig und interagierend. Manche Tote sind in den ersten Tagen wütend, enttäuscht oder traurig darüber, gestorben zu sein. Ihre Energiekörper sind dann verdunkelt. Im Laufe von ein paar Tagen oder auch Wochen färben sie sich wieder hell.

Häufig sehe ich die Verstorbenen energetische Prozesse oder physische Vorgänge beobachten. Sie haben unendlich viel Zeit, und die Dinge, die sie interessieren, können stark von den Interessen der Lebenden abweichen.

Meine ersten Kontakte mit Toten waren recht unangenehm. Ich erinnere meine erste Nacht im Meditationszentrum Neumühle. Mitten im Schlaf schreckte ich auf und sah mich von fünf oder sechs toten, altertümlich gekleideten Männern umringt. Ihre rotglühenden Augen starrten mich böse an. Sie sagten kein Wort, schienen aber sehr unglücklich darüber zu sein, dass wir Lebenden hier waren. Als ich diese Erfahrung am nächsten Morgen während des Frühstücks erzählte, erfuhr ich, dass die Neumühle auf einem ehemaligen Keltenfriedhof erbaut worden war.

Ich sprach mit der Leiterin des Seminarhauses, Frau Massa. Sie kannte das Problem und plante schon länger, ihr Haus von schlechten Energien zu befreien. Die toten Kelten gehörten allerdings nicht dazu, diese reagierten nur auf die Energie der Lebenden. Nach dieser Reinigung blühte die Neumühle energetisch und wirtschaftlich auf.

Kontakte mit Toten habe ich lange vermieden. Es ist nicht lustig, unter der Dusche zu stehen und von einem Verstorbenen angestarrt zu werden. Es ist auch nicht lustig, auf der Landstraße über ein Massengrab zu fahren. Das Reich der Toten ist angstbesetzt, weil wir so stark zwischen lebendig und tot unterscheiden. Zudem sind die Informationen, die wir bekommen, mitunter verwirrend. Zeiträume sind für die Toten bedeutungslos. So kann es sein, dass wir Informationen erhalten, die erst in 20 oder 30 Jahren nützlich oder sinnvoll sind; bis dahin haben wir sie aber schon wieder vergessen.

Wer in Kontakt mit Verstorbenen treten will, muss sehr geduldig sein. Ihre Form der Kommunikation ist rein energetisch, findet also in Bildern, Sinneseindrücken und Empfindungen statt. Klare Worte zu sprechen, die wir verstehen, ist eine Frage des Talents, sowohl des Mediums als auch des oder der Toten. Nicht alle Verstorbenen sind in gleichem Maße fähig und willig, Kontakt mit den Lebenden aufzunehmen. Sie geben Hinweise, deuten auf Dinge oder halten etwas in der Hand. Wird zu früh nach der Bedeutung, dem Sinn darin gegriffen, versteift man sich womöglich auf diese Bedeutung, obwohl etwas ganz anderes gemeint war. Dazu ein Beispiel.

Kontakt mit Verstorbenen aufzunehmen gehört normalerweise nicht zu meinem Beruf. Im Fall von Julia geschah es jedoch so spontan und natürlich, dass ich nichts dagegen hatte. Während der Behandlung tauchte Julias Großmutter auf. Ich beschrieb die Dame so detailliert wie möglich: braun gelocktes, etwa schulterlanges Haar, eine füllige, gemütliche Frau. Sie war mit uns im Zimmer und saß auf einem dunklen, gedrechselten Holzstuhl. Das Stechen in meinem Kopf, das ich plötzlich verspürte, deutete auf einen Schlaganfall hin. Julia bestätigte, dass ihre Großmutter so ausgesehen habe und wahrscheinlich an einem Schlaganfall verstarb. Was nun geschah, wollte Julia allerdings überhaupt nicht glauben. Ihre Großmutter versuchte, mir bei ihrer Behandlung zu helfen.

Als ich das sagte, widersprach Julia. »Das kann nicht sein, ich habe meine Großmutter kaum gekannt.« Nach kurzer Zeit verspürte sie eine Entspannung. Die Verstorbene strahlte eine rote und rosa Energie ab, die auch Julia bei geschlossenen Augen sehen konnte. Als ich die Großmutter fragte, warum sie das tue, fühlte ich, dass es eine Art Wiedergutmachung war. Gerade weil sie im Leben ihre Enkelin vernachlässigt hatte, wollte sie jetzt helfen. Außerdem fühlte sie sich schuldig, da die seelische Wunde durch Julias Mutter, also ihre Tochter, entstanden war, und zwar nur, weil sie ihrer Tochter zu Lebzeiten ebenfalls zu wenig Geborgenheit vermittelt hatte.

Nachdem die Behandlung abgeschlossen war, wollte Julia mehr wissen. Natürlich war sie skeptisch und fragte immer wieder, ob das nun wirklich ihre Großmutter sei, die ich da sah, oder bloß eine Art energetische Projektion in ihrer Aura. Ich schlug vor, das zu testen. So fragten wir die Großmutter nach einem Beweis dafür, dass sie wirklich Julias Großmutter sei.

Die ältere Dame zeigte mir ein kleines Schaukelpferd mit weißen Beinen und braunem Sattel. Julia meinte, ihr kleiner Bruder habe ein solches Schaukelpferd besessen.

Ich sah einen alten Hof am Hang, mit dunklen Holzschindeln auf dem Dach. Eine weite Grünfläche erstreckte sich links davon. Rechts ragte der Wald empor. Julia sagte, so sehe der Hof ihrer Eltern von der Straße gesehen aus. Im Zimmer im zweiten Stock links sah ich wieder das Schaukelpferd, auf dem diesmal ein kleiner Junge saß und schaukelte. Er wippte wild hin und her, wilder und wilder, bis er nach vorne kippte und zu Boden fiel. Sein Kopf blutete sehr stark, und seine Mutter kam herbei und hob ihn auf.

Julia sagte, das sei wirklich geschehen.

Dann gab es eine regelrechte Informationsflut. Ich sah, wer das Schaukelpferd geschnitzt hatte, wie der Junge es zu Weihnachten bekommen sollte, aber krank im Bett lag und es darum erst zwei Tage später bekam. Wie die Platzwunde genäht werden musste und er wieder Hühner auf dem Hof jagte. Es waren so viele Informationen, dass selbst Julia viele davon nicht bestätigten konnte, da sie es selbst nicht wusste.

Eine Kernaussage kristallisierte sich jedoch heraus. Maria – so hieß die Großmutter – wollte, dass ich Julia mitteilte, ihr Verlobter sei nicht der Richtige für sie. Das ging mir zu weit, und darum weigerte ich mich, das zu sagen. Maria bestand jedoch darauf, dass Julia es wissen sollte. Also druckste ich herum, bis ich damit herausrückte und Julia sagte, ihre Großmutter meine bzw. sei sich sogar ziemlich sicher, der Verlobte ihrer Enkelin sei nicht der richtige Mann für sie.

Julia betonte, sie und ihr Verlobter seien bereits seit sieben Jahren zusammen. Es habe lange gedauert, um an diesen Punkt zu kommen. Und sie sei sicher, den Mann ihres Lebens gefunden zu haben. »Kann sie mir einen Hinweis geben, warum er nicht der Richtige ist?«

Ich reichte die Frage an Maria weiter. Sie zeigte mir eine gelbe Linie, die sich leuchtend im Raum ausspannte und plötzlich in zwei Linien zerteilte.

»Maria meint, es käme zu einer Trennung.«

»Und warum?«

Ich sah eine jüngere Frau, die auf der einen Seite der neu aufgeteilten Linie stand. »Wegen einer jüngeren Frau.«

Was macht man nun mit einer solchen Information? Sollte Julia ihre Verlobung hinwerfen, nur wegen dieser Prognose? Oder weitermachen und am Ende erkennen, dass die Verstorbene recht behalten hatte?

Wir entschieden uns, ein Zeichen einzufordern. Wenn Maria es so ernst war, sollte sie uns eine Information geben, die nur sie haben konnte und die Julia davon überzeugen würde, das Richtige zu tun. Alles, was ich daraufhin sah, war die Großmutter, wie sie einen Welpen streichelte, mehr nicht.

Julia wusste damit nichts anzufangen. Sie hatte keinen Hund und kannte auch niemanden, der einen Welpen hatte. Ebenso wenig hatte sie die Absicht, sich einen zu kaufen.

So gingen wir auseinander.

Etwa zwei Monate später rief sie bei mir an. Die Tochter einer Freundin hatte zum Geburtstag einen Golden Retriever von ihren Eltern geschenkt bekommen, einen süßen kleinen Welpen. Leider war der Hund kurz darauf sehr krank geworden, musste operiert werden und verstarb an den Folgen der Operation. Eine zuchtbedingte Verengung der Blutgefäße hatte zu Komplikationen geführt.

Für Julia war dies der Welpe, den ihre Großmutter gestreichelt hatte; er war jetzt bei ihrer verstorbenen Großmutter. Zu dem Zeitpunkt, als wir telefonierten, wusste Julia noch nicht, ob sie sich tatsächlich von ihrem Verlobten trennen sollte oder nicht, und ich gab ihr diesbezüglich auch keinen Rat. Denn das ist das Problem mit Informationen aus der Zukunft: Zuweilen sind es selbsterfüllende Prophezeiungen, das heißt, das Wissen um ein schreckliches Ereignis führt erst zum Unheil, anstatt es zu verhindern.

So erlebte es beispielsweise eine Klientin, die an Rückschmerzen litt, nachdem ein Bandscheibenvorfall im Krankenhaus diagnostiziert wurde, und die augenblicklich geheilt war, als sich dies als Fehldiagnose herausstellte.

Angstfrei mit dem Thema »Tod und Tote« umzugehen ist schwer. Es bedeutet das Ende des Lebens, an das wir uns mühevoll gewöhnt haben. Für mich war es tröstlich, zu sehen, dass es keine Hölle oder strafende Instanz im Jenseits gibt. Tatsächlich geht es dort sehr lebendig zu. Die Verstorbenen sind menschlich. Sie haben Langeweile oder zeigen Interesse, sie ärgern und sie freuen sich. Mörder und Vergewaltiger bereuen ihre Taten zuweilen oder auch nicht. Wenn ich griesgrämige Tote kontaktiere, haben diese mitunter noch immer keine Lust, mit den Hinterbliebenen zu sprechen. Andere sind hoch erfreut, endlich ihre Botschaft mitteilen zu dürfen. Daneben tummeln sich Geistwesen, die nie einen materiellen Körper besessen haben.

Das Reich der Energie ist mit dem Internet vergleichbar. Jede Seite entspricht einem Aspekt des Göttlichen. Nichts wird jemals wirklich gelöscht. Und selbst was sich wandelt und ändert, bleibt im Kern immer gleich. So verstehe ich auch spirituelle Entwicklung und Reinkarnation. Alles dreht sich im ewigen Wandel und bleibt dennoch in seinem innersten Wesen gleich.

Frühere Leben

Stell dir vor, du lebst in einem Film, der in der Ewigkeit spielt. Alles, was du tust, wird aufgezeichnet. Für dich als Mittelpunkt des Films gibt es immer nur die Gegenwart, das Jetzt. Der Film hat gerade begonnen, und du öffnest eine Tür. Davor stehst du selbst, drehst dich um und rennst weg. Du läufst dir also selbst hinterher und triffst überall auf dich. Der Film hat gerade erst angefangen, und dennoch siehst du dich aus der Nähe und Ferne, läufst dir kreuz und quer über den Weg und stehst dir unverhofft gegenüber ... Am Ende des Films bist du dann die Person, die ganz am Anfang erschrickt, weil vor ihr eine Tür aufgeht. Du rennst davon, damit der Film beginnt. Jetzt erinnerst du dich vielleicht, dass du das einmal gewesen bist, der jetzt hinter dir her

rennt. Und dennoch ist da dein »Ich«, für das dies genau jetzt zum ersten Mal geschieht ...

Verwirrend, aber in einer Welt ohne Zeit wäre das die Realität. Es gibt das Hier und Jetzt, aber in ihm ist bereits die Zukunft und die Vergangenheit enthalten. Die Zukunft wirkt auf die Vergangenheit ein und umgekehrt.

Das ist die Situation, in der wir leben. So sehe ich frühere und kommende Inkarnationen. Das Leben gleicht einem Blumenstrauß, worin jede einzelne Lebens-»Blume« auf alle Leben Auswirkungen zeigt. Wir sind es gewohnt, Kontakt zu nur einem Leben zu empfinden, dem Leben, das wir hier und jetzt führen. Und so sorgen wir uns mitunter um die Leben, die hinter oder noch vor uns liegen. Dabei sind wir all diese Leben zugleich. Du bist Hunderte, Tausende, Abermillionen von Leben, die hier und jetzt auf dich einwirken. Räumlich kann man sich das noch vorstellen, als würde man einen ganzen Planeten bevölkern. Aber zeitlich? Da hört die Vorstellungskraft auf.

Was der Vorstellung des Karmas am nächsten kommt, ist die Wechselwirkung zwischen all diesen Leben und dem einen Leben, das wir in diesem Augenblick führen. Es gibt keine strafende Instanz im Kosmos; niemand will uns etwas Böses, ausgenommen wir selbst. Die Bestrafung oder Belohnung, die wir erfahren, entsteht durch das Anziehen und Abstoßen guter und schlechter Kräfte, angenehmer oder unangenehmer Leben ...

Du kannst dich reinkarnieren, du kannst es aber auch lassen. Ob das eine besser ist als das andere, entscheidet niemand anderes als du. Böse Taten fallen nur auf dich zurück, wenn du das willst. Die Absicht ist entscheidend. Zu denken, das wäre unmoralisch, entspricht wieder dem Schwarz-Weiß-Muster, in das wir Menschen so gerne verfallen.

Die Kraft der Entscheidung

Entscheidungen, die wir treffen, fallen nieder wie ein Schwert. Entscheidungen trennen uns, zerteilen uns oder adeln unser Tun. Immer wieder höre ich, es sei schwer, sich den Ängsten, der Trauer oder der Wut zu stellen. »Sie sind einfach zu groß«, lautet das Argument. Dabei ist die beängstigende Größe deiner Gefühle auch eine Entscheidung, ebenso wie die Angst vor der Trauer oder die Angst vor der Angst ... *Es sind Wertungen, die darüber entscheiden, ob wir leiden oder nicht.* Das zu begreifen, ist von fundamentaler Bedeutung, und noch wichtiger ist es, das zu erleben. Es ist deine Entscheidung, die besagt, die Angst ist zu groß. Es ist dein Urteil, das lautet, Wut sei schlecht, woraufhin sich deine Energie auch schlecht anfühlt. Oder es besagt, Wut sei gut, wodurch die Energie frei durch deinen Körper fließen kann. *Was wir negativ bewerten, trennen wir von uns.* Demnach ist es weise, *alles* gut zu bewerten, was in uns ist; oder es *bewusst* negativ zu bewerten, um die Trennung deutlich zu machen. (Siehe dazu auch das Säulen-Diagramm auf S. 91.)

Diese Weisheit ist uralt. Seneca wurde regelmäßig von Asthma gequält. Lag der Schatten seiner qualvollen Atemnot auf ihm, fing er an, aus diesen Erstickungsanfällen eine kontemplative Übung zu machen. Sobald sich seine Brust zuschnürte und er nach Luft zu ringen begann, bejahte er diesen Zustand als selbstgewählt und -gewollt. So ging er gestärkt anstatt mit geknicktem Ego und gebrochenem Lebenswillen aus den Anfällen hervor.

Die Menschen in der heutigen Zeit produzieren all ihre Probleme selbst. Der Mensch leidet nur an sich selbst. Er ist die Krankheit, die er zu kurieren versucht. Kein Mensch mehr zu sein, ist also die Lösung, zu der wir alle streben – bewusst oder unbewusst.

Wer keine Angst mehr haben möchte, will aufhören, ein Mensch zu sein; denn der moderne Mensch plagt sich selbst pausenlos mit seinen Ängsten. Wer Tag und Nacht seine Liebe spüren möchte, der will aufhören, ein Mensch zu sein; denn der moderne Mensch liebt und hasst im Sekundentakt. Wer das Licht der Freude in seinem Herzen entzünden will, damit es in sein Leben strahlt, der will kein Mensch mehr sein; denn der moderne Mensch freut sich nur selten und nie ohne Grund. Menschen brauchen für alles Gründe, Erklärungen und Beweise. Kinder nicht. Tiere nicht. Und auch Götter nicht. Wer also aufhören will – der soll aufhören.

Aber wir glauben noch immer, das Leben habe uns nicht fair behandelt. Wir glauben an unseren Schmerz, wir glauben an unser Leid. Ja, wir wollen die Mühsal und den Schmerz als Beweis dafür, dass wir recht hatten mit unserer schlechten Meinung über das Leben. Also behalten wir auch recht. Denn eins ist sicher: *Das, woran wir glauben, wird unsere Wirklichkeit werden.* Das gilt für Wissenschaftler ebenso wie für fundamentale Christen. Das, woran wir glauben, wird unsere Realität. Also sollten wir weise entscheiden, woran wir glauben wollen und woran nicht.

Sorgen und Ängste sind nichts Schlechtes, aber in der großen Menge, in der wir diese Pflanzen hegen und pflegen, haben sie die Form von Unkraut angenommen. Sorgen wuchern unkontrolliert. Ängste ranken sich aus allen Mündern. Diese Ängste sind ansteckend.

Die Angst ist ein Gefühl, welches im Kopf entsteht. Wir vermehren die Angst kraft unserer Gedanken. Wer also aufhört, sich das schlimme Szenario auszumalen, wird auch weniger Angst verspüren. Hören wir auf, Dünger auf die Gewächse unserer Ängste zu gießen! Stattdessen wollen wir unsere Ängste lieber beim Namen nennen, denn sie lösen sich in Luft auf, werden sie beim Namen genannt. Die Angst gleicht dem Rumpelstilzchen: Wird sie bei ihrem Namen gerufen, löst sie sich auf.

Dafür ist es notwendig, genauer hinzuschauen. Ängste erscheinen oft in Verkleidung. Wen Flugangst plagt, der hat in Wahrheit keine Angst vor dem Fliegen – er hat Angst vor dem Tod. Diese Angst ist also der Name der Flugangst. Gibt dieser Mensch seine Flugangst zu, lacht das Rumpelstilzchen bloß. Sagen wir aber: »Ich habe Angst vor dem Tod«, dann erkennen wir die Tiefe des

Gefühls an, können uns mit der wahren Angst konfrontieren. Jetzt liegt es an uns, was größer ist: unsere Angst oder unser Wille. Können wir mit der Angst sein, statt ängstlich zu sein, löst sie sich langsam vor unseren Augen auf. Angst vor Schmutz, Angst vor Menschen, Angst vor Tieren …, all das sind Ängste in Verkleidung. Was ist die wahre Angst dahinter? Worum geht es wirklich?

Als Opfer der Angst, der Wut oder der Trauer geben wir jede Verantwortung ab. Wir bleiben wehrlose Kinder, die schlecht von den Eltern versorgt wurden. Wir hegen die Hoffnung, es möge sich jemand erbarmen, der als Vater- oder Mutterersatz diese Bedürfnisse stillt. Vater Staat, der uns unterstützt, der Therapeut, der uns helfen soll, der Partner, der uns beistehen muss.

Wir sind der Engel, der von den teuflischen Gefühlen malträtiert wird. Wir werten unsere Gefühle als negativ, um selbst positiv dazustehen. Durch die negativen Wertungen unserer Gefühle vermögen wir die Guten zu sein, während ein anderer der Böse ist. Wir rutschen in die Opferrolle. Das ist der größte Fehler. *Die Opferrolle ist in jedem möglichen Szenario falsch.* Sie ist nicht real. Ja, wir lieben es, das Opfer zu sein – das Opfer unserer Umstände, das Opfer unserer Mitmenschen und nicht zuletzt das Opfer unserer Gefühle. Als Opfer sind wir die Guten und müssen uns nicht fragen, warum wir uns selbst so schlecht behandeln. Sobald du der Täter bist, musst du dich fragen:

Warum tue ich mir das an?
Warum tue ich mir den Stress an?
Warum tue ich mir weh?
Warum mache ich mich traurig?
Warum liebe ich mich nicht?
Warum gönne ich mir das nicht?

Vielleicht willst du dich zu Höchstleistungen ankurbeln? Womöglich glaubt ein Teil von dir, dich kontrollieren und korrigieren zu müssen? Oder es bohrt ein alter Schmerz in deinem Innersten, den du zwar fühlen, aber nicht anschauen möchtest?

Das alles sind Entscheidungen – Entscheidungen, die du früher getroffen hast, und Entscheidungen, die du noch heute triffst.

Das Schwert der Entscheidung saust nieder und trennt dich in zwei Teile: Opfer und Täter. Diese Antipoden wieder zusammenzubringen, ist eine der wichtigsten Aufgaben überhaupt. Diese Trennung ist die Ursache jeden Konflikts. Jedes Leid der Erde, jede Strapaze, jede Krankheit und jedes Problem lässt sich darauf zurückführen, dass eine Trennung empfunden wird.

Die Auflösung der Trennung zwischen dir als Opfer und dir als Täter bedeutet Heilung.

Aus diesem Grund halte ich es mit Michel de Montaigne und widerstehe so lange wie möglich einer Wertung. Vieles im Leben erscheint erst in der einen Farbe und dann in einer ganz anderen. Wer die Ruhe bewahrt und nicht von einer Wertung zur nächsten galoppiert, behält am Ende recht. Da es von allem immer zwei Seiten geben muss, um ein Ganzes zu ergeben, gilt es, zwei widersprüchliche Meinungen in sich zu vereinen. So sehe ich die schicksalhaften Lebenspfade wie auch die Freiheit des Geistes – die im Widerspruch zueinander stehen. Ich sehe das Gute im Menschen, ohne seine bestialischen Züge zu verkennen. Chaos und Ordnung, Zufall und Schicksal, Liebe und Hass – sie alle sind keine Widersprüche, sondern zwei Seiten ein und derselben Medaille. Und diese Medaille sind wir selbst – ein kosmisches Bewusstsein, das dies alles betrachtet!

Vor uns spielt das Leben seine Streiche, verlockt uns schillernd wie ein Köder und kitzelt unsere tiefsten Instinkte. Wir wollen zupacken, es festhalten, uns eine Meinung bilden und sie lauthals verkünden, nur um am Ende zu sehen, dass alles falsch gewesen ist, was wir so vorschnell angenommen haben. Unser Geist rückt beständig alles neu ins Licht, anstatt sich selbst zu beleuchten.

Denn wer seinen Geist beharrlich beleuchtet …, findet Erleuchtung.

Negative Gedanken

Gedanken stehen meist im Widerspruch zur Realität. »Warum kann das nicht schneller gehen?« »Das gibt's doch nicht, dass ich schon wieder zugenommen habe!« »Wieso passiert das ausgerechnet jetzt?« Gedanken sind mit Wünschen nahe verwandt; beide entspringen unseren ungestillten Bedürfnissen. Mit unseren negativen Gedanken wehren wir uns gegen die Realität, nachdem diese einen wunden Punkt getroffen hat.

Ist das Bedürfnis nach Ruhe groß, wünschen wir uns, entspannt auf der Couch zu liegen; stattdessen stehen wir im Supermarkt an der Schlange. Jetzt wollen wir die Realität kraft unserer Gedanken vorwärtsschieben, näher heranziehen oder rasch beiseitedrücken. Das bedeutet, wir schieben, ziehen und zerdrücken uns selbst. *Alles, was wir der Welt gedanklich antun, tun wir uns selber an.*

So wird das Warten in der Schlange zur Tortur. Wir zerren und drücken an uns herum. Und alles, was wir uns selber antun, wollen wir früher oder später jemand anderem antun. So tritt das vermeintlich Böse in die Welt, weil wir die Realität nicht akzeptieren.

Würden wir erkennen, dass unserem Bedürfnis nach Entspannung nichts entgegensteht, würden wir das Warten in der Schlange genießen. Aber wir sind es gewohnt, auf der Couch zu entspannen. Entspannen im Supermarkt kennen wir nicht. Was sagt das über uns aus? Was macht das aus uns? Wer sind wir, wenn wir alles locker sehen?

Davor haben wir Angst. Wir fürchten uns davor, die alten Muster zu lösen, aus Angst, jemand zu werden, den wir nicht kennen. Lieber sind wir der grantige Heinz oder die unzufriedene Lisa, als uns selbst neu kennenlernen zu müssen. Wir haben uns den Gefühlen der Eltern und Mitmenschen angepasst, und nun versuchen wir, diese Gefühle aufrechtzuerhalten, selbst wenn wir unter diesen Gefühlen leiden.

Unsere Gedanken haben kein Gewicht. Erst unsere Wertung – die Überzeugung, dass sie stimmen – verleiht ihnen die Schwere, die wir im Alltag empfinden. Ohne die Wertung ist jeder

Gedanke nur eine flüchtige Idee, ein Windhauch, sonst nichts. »Ich bin zu dick« ist einer der häufigsten Gedanken der westlichen Hemisphäre. Mit der Überzeugung, dies sei wahr, wird aus dem sanften Hauch ein Orkan der Selbstvorwürfe.

Mit der Zeit hat sich das Denken verselbstständigt. Wir haben so viel und so oft in unserem Leben etwas gedacht, dass dieses »wertende Denken« ohne unseren Willen geschieht; es hat sich zu einer eigenständigen Instanz in uns entwickelt.

Auch das ist nicht schlimm. Denn jeder selbstständig arbeitende Teil in uns wird leiser und leiser, sobald wir uns seiner nicht länger bedienen. Was wir dafür brauchen, ist eine Instanz, die unsere starken Wertungen abfedert. Der Gedanke »Ich bin zu dick« wird erst zu deinem Problem, wenn du zusätzlich sagst: »Ja, das ist wahr!« Jetzt fühlst du dich dick. Aus einem Gedanken ist ein Gefühl geworden. Genau das ist das Problem.

Gedanken ziehen uns mit ihrem Schwarz-Weiß-Muster (»wahr« oder »falsch«) in ein schwarz-weißes Fühlen hinein, das nicht der Realität entspricht. Gefühle sind nicht schwarz oder weiß, sie sind farbenfroh und changieren in mehrdimensionalen Aspekten wie ein Kristall. *Die Realität entsteht durch Relationen, sie ist relativ wie unsere Gefühle.* Aber unsere Gedanken sind fixiert. Ein objektives Denken wäre ein Denken ohne Wertung. Es wäre ein Jein-Denken, weder wahr noch falsch, sondern »sowohl als auch«. Es lässt die schwarze und die weiße Seite stehen, um selbst in der Mitte zu bleiben.

Diese wertfreie Form des Denkens lässt sich erlernen. Dafür sollten wir unsere Gedanken konsequent relativieren. Wir neutralisieren die Säure der Wertung, wenn sie uns zerfrisst. Dabei hilft es, zu erkennen, dass kein Gedanke richtig *oder* falsch, sondern wahr *und* falsch ist.

Um das herauszufinden, gibt es eine einfache Übung. Beantworte dir selbst eine Frage in Bezug auf irgendeinen deiner Gedanken: Ist der Gedanke auch noch wahr, wenn du ihn ins Extreme steigerst? Wenn nicht, war bereits von Anfang an eine Unwahrheit in ihm enthalten, die du gleichsam aufgeblasen hast. *Die Übertreibung der Gedanken macht ihren Fehler sichtbar.*

Das überprüfen wir. Schreibe deine lästigen Gedanken auf. Ich meine es ernst, hole bitte ein Blatt Papier und einen Stift und schreibe die wiederkehrenden Gedanken auf, die dich belasten, zum Beispiel: »Das Leben ist sehr mühsam und anstrengend.« Jetzt steigere diese Aussage bis in ihr Extrem, in diesem Fall zum Beispiel: »Das Leben ist eine einzige Qual, es besteht nur aus Mühsal und Plackerei.« Diese Aussage ist offensichtlich nicht mehr richtig. Denn bei aller Mühe und Qual können wir auch ausruhen und schlafen. Wenn die Aussage im Extrem nicht mehr stimmig ist, war sie es auch vorher nicht. Wenn sie jetzt nicht mehr wahr ist, lagst du vorher bereits ein wenig falsch.

Was heißt das? *Die Übersteigerung einer Wahrheit pustet sie gleichsam auf und macht den ihr innewohnenden Irrtum sichtbar* (siehe dazu das Luftballon-Diagramm, S. 91).

Es ist an der Zeit, eine wichtige Erkenntnis zu verinnerlichen: In jeder Wahrheit ist ihr Gegenteil enthalten. Nehmen wir die Aussage »Ich bin ein Mann«. Das ist die Wahrheit. Übertreibe ich dieses Urteil, würde ich sagen: »Ich bin der männlichste Mann, der jemals gelebt hat. Männlicher als ich war keiner, ist keiner und wird auch niemals jemand sein!« Das ist ganz offensichtlich falsch. Wie männlich bin ich also wirklich? Und sind es nicht gerade meine weiblichen Anteile, die Freunde und Familie ebenfalls schätzen? Also bin ich zwar ein Mann, aber nicht ausschließlich männlich und möchte das auch gar nicht sein. Wie wahr ist jetzt meine Wahrheit? Oder wie erlogen ihr Gegenteil? »Ich bin ein Mann« ist plötzlich eine Wahrheit, die ein wenig nach Lüge schmeckt. Dies gilt für jede Wahrheit, die existiert. Denn indem ich etwas behaupte, steht im Kontrast zu meiner Behauptung – und gleichsam darin enthalten – auch ihr Gegenteil im Raum.

Aus diesem Grund lehne ich das Ablehnen ab, verweigere ich mich der Verweigerung. Denn sobald ich etwas ausschließen würde, stellt es sich mir gleichsam gegenüber, als mein eigenes Gegenteil. So sehe ich im tiefsten Dunkel das Licht, aber auch in aller Erleuchtung die Schatten. Bleiben wir in der Mitte, ohne der einen oder der anderen Seite recht geben zu wollen, werden wir zu einem Ausdruck der letztgültigen Wahrheit – einer Wahrheit ohne Worte, einer Wahrheit ohne Ziel, einer Wahrheit, die sich ihrer eigenen Unwahrheit nicht verschließt, sondern sie enthält.

Gott ist ein Atheist und der Teufel ein Gläubiger. Es schließt sich nicht aus, dass Gott im Spiegelbild als Teufel erscheint. So betrachtet wird auch die Vergötterung zu einem Sinnbild alles Dämonischen, ja zu einer Quelle des Bösen. Kein Blutbad war größer als das im Namen Gottes. So wie alles Böse letztendlich doch das Gute will – und sei es auch nur für sich selbst –, so steckt in jeder Moral die Unmoral und in aller Narretei auch immer ein Quäntchen Weisheit!

Darum behaupte ich, es ging nie darum, ob ein Weiser wirklich weise oder ein Buddha wirklich Buddha ist. Es geht um uns selbst und darum, ob wir es ertragen, beides zu sein, das Licht und der Schatten und somit die Wahrheit und die Lüge, um beides in unseren Herzen zu vereinen.

Quelle der Gefühle

Seinen Motor zu kennen ist eine wichtige Erkenntnis im Leben: Was treibt mich an, was macht mich stärker? Aber auch: Was bohrt in meinem Inneren, was lässt mich nicht zur Ruhe kommen, was brennt mich aus? Gesellschaftlichen Normen zu entsprechen ist ein starker Motor. Wir leben in einer Leistungsgesellschaft, die sich selbst zu digitalisieren beginnt.

Jede Kultur betrachtet ihre Sitten und Gebräuche als das Maß aller Dinge. Erst die Andersartigkeit fremder Kulturen führt uns die Willkür der eigenen Kultur vor Augen. Es gibt Völker, bei denen die Männer den Frauen gehorchen, nur schwarz bemalte Zähne als schön gelten oder lang gezogene Ohrläppchen offiziell hübsch sind. Es gibt Kulturen, in denen die Kinder bis zum sechsten Lebensjahr gestillt werden oder erst einen Namen erhalten, wenn sie drei Jahre alt sind.

Gesellschaftliche Normen sind kein Zwang, sondern Vorschläge, die uns zu einem glücklichen Leben verhelfen sollen. Sie sind dort nützlich, wo sie das leisten. Und sind dort unnütz, wo sie uns über ein erträgliches Maß hinaus belasten. Die Frage, ob du schwarze Zähne und lang gezogene Ohrläppchen haben möchtest, klingt in deinen Ohren so absurd, wie es in den Ohren eines Aborigines klingt, jeden Morgen mit Anzug und Krawatte in ein dröges Bürogebäude zu fahren, nur um das Haus und das Auto abzubezahlen. Der Aborigine würde sagen, die Natur gibt ihm alles, und die Natur ist alles, was er braucht!

Und ich kann ihn verstehen. Wer morgens aufwacht und nicht aus seinem Innersten heraus »Ja« zu seinem Körper und seinem Leben sagt, sollte die Fesseln, die er sich selbst angelegt hat, hinterfragen: Brauche ich den Job, den ich mache, wirklich? Soll ich mit diesem Mann oder dieser Frau den Rest meines Lebens verbringen? Will ich so leben, wie ich es gerade tue?

Die Normen einer Kultur formen einen Rahmen, in dem sich Bedürfnisse und ihre Befriedigung bewegen dürfen. Das größte Bedürfnis von uns allen ist das nach Liebe und Geborgenheit. Jede Blume, jedes Tier, jeder Mensch strebt danach.

Aber es gibt weitere. Entsprechend den sieben Hauptchakras können wir sieben Grundbedürfnisse des Menschen festhalten.

Chakra	**Farbe**	**Grundbedürfnis & -gefühl**
Wurzelchakra	Rot	Geborgenheit
Vitalchakra	Orange	Vitalität, Sexualität
Bauchchakra	Gelb	Lebensfrede
Herzchakra	Grün und Rosa	Liebe
Halschakra	Hellblau	Offenheit, Toleranz
Kopfchakra	Dunkelblau	Klarheit
Kronenchakra	Weiß	Transzendenz

Bedürfnisse können gestillt oder ungestillt sein. Wird eines dieser sieben Grundbedürfnisse gestillt, produziert das Chakra mehr Energie, die sich im Körper ausbreitet und als entsprechendes Gefühl empfunden wird.

Wie im »Baum«-Diagramm S. 88 zu sehen, können wir diese Entstehung der Gefühle und Gedanken mit dem Aufbau eines Baumes vergleichen. Wurzel allen Glücks und Leids sind die Bedürfnisse, also das, was wir brauchen. Bekommen wir das, entstehen positive Gefühle. Bekommen wir es nicht, entstehen negativ gewertete Gefühle. So einfach ist das. Interessant wird es erst dadurch, dass wir uns in der Meditation selbst geben können, was wir brauchen. Dazu gleich mehr.

Werden unsere Bedürfnisse gestillt, produzieren wir das dem jeweiligen Bedürfnis zugehörige Gefühl. Wird beispielsweise das Bedürfnis nach Liebe gestillt, verwandelt es sich in das Gefühl der Liebe, welches sich wiederum in liebevollen Gedanken ausdrückt: »Was für ein zauberhafter Tag! Wie schön das aussieht! Ich könnte das den ganzen Tag lang tun!«

Auch umgekehrt funktioniert diese Abfolge. Ein ungestilltes Liebesbedürfnis erzeugt das Gefühl der Lieblosigkeit, welches sich wiederum in lieblosen Gedanken Ausdruck verleiht: »Jeder denkt nur an sich. Wie scheußlich das wieder aussieht! Die Welt ist schlecht. Ich habe keine Lust mehr ...«

Antriebslosigkeit oder Burn-out entstehen, wenn zu lange und zu oft die Erfahrung gemacht wurde, dass die materiellen Anstrengungen zu keiner emotionalen Versorgung führen. Das kann zwei Ursachen haben.

Die Welt der Materie und die Welt der Gefühle sind ohnehin nicht direkt miteinander verbunden. Wie wir auf das, was auf der materiellen Ebene geschieht, emotional reagieren, liegt bei uns. Möglicherweise verweigern wir uns die Versorgung also selbst. Hier sollten wir die emotionalen Reflexe überprüfen, indem wir sie in unser Bewusstsein heben. Wieso werden meine Bedürfnisse physisch nicht gestillt? Wut auf die Liebe, Angst vor der Freude oder Trauer aufgrund der inneren Leere sind nur einige Beispiele.

Es gibt Bedürfnisse, die sich im Körper eines Menschen nicht stillen lassen. Erfüllung existiert für sie in der Materie, wie wir sie kennen, nicht.

Nehmen wir die Erdmännchen als Beispiel. So wie diese kleinen Racker den halben Tag in der Sonne sitzen, in der Großfamilie spielen und übereinander liegend schlafen –, so würden auch manche Menschen am liebsten leben. Das Bedürfnis, ein Fell zu haben und in einer sozialen Gruppe als große Fellkugel zu knuddeln, bleibt also im Körper eines solchen Menschen ungestillt. Wir leben nicht so.

Wem dieses Beispiel zu haarig ist, der mag sich anderes vorstellen: in einem kosmischen Feld der Liebe zu stehen, unsterblich zu sein, niemals zu altern, unverwundbar zu sein … All das sind Bedürfnisse, die real existieren, aber physisch (noch) nicht gestillt werden können; energetisch hingegen schon.

Übung

Bedürfnisse stillen

Der Weg, den die Energie in uns nimmt, ist keine Einbahnstraße. Aus den Wurzeln der Bedürfnisse erwachsen unsere Gefühle, denen sich das Blätterwerk der Gedanken entrankt. Negative Gedanken verweisen demnach auf negative Gefühle, die wiederum mit einem ungestillten Bedürfnis in Verbindung stehen. Das ist unsere Chance, nachhaltig etwas in unserem Leben zu verändern.

Fühle, während du einem negativen Gedanken nachgehst, in deinen Körper hinein. Wer Probleme hat, seinen Körper zu fühlen, lese diese Übung »Bedürfnisse stillen« nach. Der negative Gedanke ist wie über eine Schnur mit seinem negativen Gefühl verbunden. Während du den Gedanken im Geiste wiederholst, wird sich das unterdrückte Gefühl als Druck im Körper bemerkbar machen. Versuche, dieses Druckgefühl möglichst genau zu spüren. Hier sitzt der Treibstofftank für deine negativen Gedanken. Je größer er ist und je härter er sich anfühlt, desto mehr Energie ist in ihm enthalten.

Lass jetzt zu, dass sich diese Energie im Körper ausbreiten darf. Keine Sorge, es passiert dir nichts. Nur unterdrückte Wut oder Angst bereiten Probleme; zugelassen, lösen sich die Gefühle auf. Spüre, wie sich die Energie im Körper ausbreitet. Begleite ihre Ausbreitung, bis du fühlst, dass nichts mehr von der Energie übrig ist.

Sollte ein Druckempfinden an der Stelle, wo das Gefühl saß, übrig bleiben, hast du das Bedürfnis gefunden. Hier ist die Quelle der negativen Gefühle, die zu negativen Gedanken wurden. Bedürfnisse fühlen sich wie ein Vakuum im Energiekörper an. Ihre Form ist oft ein Trichter, der sich nach innen zur Körpermitte verjüngt. Wie schwarze Löcher saugen sie uns leer; darum mögen wir sie nicht.

Greife jetzt in deiner Vorstellung in deinen Körper hinein und nimm diese trichterförmige Spannung in die Hand. Fühle die Form und Beschaffenheit deines Bedürfnisses, seine Konsistenz. Du musst nicht spüren können, um welches der sieben Grundbedürfnisse es sich handelt. Aber du solltest deine Einstellung diesem Bedürfnis gegenüber prüfen. Hast du Angst davor? Angst, dass es dir wehtut? Dann sage es ihm! Oder macht es dich wütend, dass es da ist? Kein Problem, sag ihm auch das! Es ist sehr wichtig, dass du deine Gefühle so weit erkundest und kommunizierst, bis dir das energetische Objekt, das Bedürfnis in deiner Hand, gleichgültig geworden ist. Der Zeitpunkt, das Bedürfnis zu versorgen, ist gekommen, wenn seine Anwesenheit nicht länger als lästig oder schädlich empfunden wird. Warum? Ganz einfach. Es ist deine Energie. Stell dir vor, du sollst etwas essen, dessen Gestank den ganzen Raum erfüllt. Oder man will dich mit einem Menschen zusammenbringen, den du noch nie ausstehen konntest. So ähnlich ist die Vorstellung, wir könnten Bedürfnisse integrieren, die wir grundsätzlich ablehnen und bekämpfen.

Um das Bedürfnis zu stillen, halte es weiter in deiner Vorstellung in der Hand. Jetzt gestatte, dass dieser Teil von dir alles bekommen darf, was er braucht. Du musst dich nicht selbst darum kümmern. Erlaube einfach, dass dieses Bedürfnis versorgt, gepflegt und geliebt werden darf. Das Bedürfnis wird in deiner Hand schmelzen wie ein Eiswürfel in der Sonne. Sobald es so klein geworden ist, dass du es kaum noch fühlen kannst, integriere es, indem du mehrmals hintereinander dazu sagst: »*Das bin ich.*«

Die Integration ist sehr wichtig. Wir spalten Bedürfnisse ab. Das heißt, wir tun so, als würde dieses Bedürfnis nicht zu uns gehören. Ohne die Integration, das Annehmen des Bedürfnisses als etwas Eigenes, neigen wir dazu, es in einer vergleichbaren Situation erneut abzuspalten.

Zu dieser Übung (und zu den anderen Übungen) gibt es auf www.lohmann.momanda.de vom Autor gesprochene Meditationen als Audio-Datei. Siehe auch S. 167.

Die fünf Persönlichkeitstypen

Wir alle zeigen eine grundsätzliche Einstellung gegenüber unseren Bedürfnissen, die von unserer Einstellung den Bedürfnissen der Mitmenschen gegenüber abweichen kann. Es ist möglich, dass du deine eigenen Liebesbedürfnisse niederringst, obwohl du dich hingebungsvoll um die Bedürfnisse deiner Freunde kümmerst. Ebenso kann man aufgeschlossen und verständnisvoll mit emotionalen Bedürfnissen umgehen, aber sexuelle Bedürfnisse rigoros ablehnen.

Diese Grundhaltung gegenüber den eigenen Bedürfnissen kann von Angst, Wut, Trauer oder Selbstmitleid gefärbt sein. Wir können ängstlich, wütend, traurig oder selbstmitleidig auf das Vorhandensein unserer Bedürfnisse reagieren. Die eigene Grundhaltung zu erforschen und zu ändern, öffnet die Tür in eine neue Freiheit. Die Mauer zwischen dir und deinen Bedürfnissen stürzt ein, und es wird dir möglich, dich von deinen alten Mustern der Selbstsabotage, Selbstbestrafung und Selbstverleugnung zu befreien.

Im Folgenden beschreibe ich die verschiedenen Grundhaltungen. Fühle in dich hinein und prüfe, welchem Typus du entsprichst. Oder du visualisierst deine ungestillten Bedürfnisse und stellst sie wie Gegenstände vor ich hin. Wie fühlst du den meisten deiner Bedürfnisse gegenüber? Machen sie dich ängstlich, traurig oder wütend? Diesem Typus entsprichst du. (Siehe auch Grafik »Persönlichkeitstypen und Partnerwahl«, S. 93.)

Ängstliche Grundhaltung

Liebesbeziehungen spiegeln die Grundhaltung gegenüber unseren Bedürfnissen wider. Wenn du ängstlich reagierst, sobald dein Partner etwas wünscht, was du nicht willst; wenn dein Brustkorb sich bei kritischen Äußerungen eines Freundes zusammenzieht, dann ist deine Grundhaltung von Angst geprägt; du hast Angst vor deinen Bedürfnissen. Diese Angst hat sich auf die Bedürfnisse deiner Mitmenschen übertragen. Sicherheit ist darum dein oberstes Ziel. Du liebst es, vollständig versichert, Beamter oder zumindest fest angestellt zu sein. Du erwartest von deinem Partner, dass er dir in jeder Situation beisteht. Gleichzeitig hast du Angst davor, dass er das nicht kann.

Träume hast du schon, aber die Angst, zu scheitern oder verletzt zu werden, ist größer als der potenzielle Lustgewinn. Darum ist dein Weg gepflastert mit Kompromissen. Die Arbeit, der Partner oder die Partnerin, die Familie, die Freunde, das Einkommen und selbst die Meditation – all das könnte besser sein, aber die Angst überwiegt. Die Versorgung ist nicht sicher, der Mangel dagegen schon.

Lösung: Nimm dir ein Bedürfnis nach dem anderen vor. Mach nicht den Fehler, zu viele Baustellen auf einmal aufzutun. Mach dir klar, dass nur die Angst zwischen dir und der Erfüllung deiner Bedürfnisse steht. Ist die Angst so groß, dass du dich für den Rest deines Lebens von ihr fesseln lassen möchtest? Oder schaffst du es, dich deinem Dämon zu stellen, damit du erkennst, dass der Drachen in Wahrheit nur eine Blindschleiche ist?

Wütende Grundhaltung

Bedürfnisse sind erniedrigend, sie nerven und lenken nur ab. Sie drängen dich aus deiner Mitte, deinem inneren Frieden, klammern und zerren an dir herum. Sie sind nervtötend wie kleine Kinder, die du ebenfalls nicht besonders magst.

Zuweilen empfindest du es als empörend, dass es niemand für nötig erachtet, sich um deine Bedürfnisse zu kümmern.

Wenn du dieser Haltung nachspürst, wirst du merken, dass diese Gesinnung die Wut auf dich selbst enthält. Du bist wütend auf deine Bedürfnisse. Diese sind aber auch oft wütend auf dich, denn du kümmerst dich nicht um sie. So ist jeder auf jeden wütend

und vom anderen enttäuscht. Vielleicht hast du das so in deiner Familie erlebt, und jetzt wiederholst du dieses Muster in dir.

Lösung: Die Wut und die Enttäuschung rühren aus der alten Wunde, dass du nicht die Liebe und Aufmerksamkeit bekommen hast, nach der du dich sehnst. Du gönnst sie dir nicht, denn du hast deine Ziele noch nicht erreicht. Ein Teil von dir fühlt sich noch immer unwürdig, hässlich und nicht liebenswert.

Diesen Teil gilt es zu finden. Wahrscheinlich findest du ihn zwischen deinen Schulterblättern, an einer Stelle, die dir schon immer wehgetan hat, oder auch am Thymus-Chakra und im Nacken. Dein Zähneknirschen und die cholerischen Anfälle gehören ebenfalls der Vergangenheit an, sobald du deine Grundhaltung änderst.

Traurige Grundhaltung

Der Kontakt zu den eigenen Bedürfnissen ist hier mit Trauer getränkt. Diese Trauer kann so tief hinab reichen, dass sie dich in ihre schwarze Tiefe hinunterzureißen droht. Eine Ausheilung der seelischen Wunden wird so verhindert. In diesem Fall kommst du oft nicht an deine Bedürfnisse heran. Womöglich weißt du gar nicht, weshalb du traurig bist. Du fühlst nur die latent drohende Trauer, die jederzeit bereit ist aufzusteigen.

Deine abgespaltenen Bedürfnisse sind dick von Trauer umhüllt. Diese Trauer verhindert, dass du mit diesen verdeckten Bedürfnissen in Kontakt treten kannst. So kann keine Heilung stattfinden.

Lösung: Betrachte deine Trauer wie eine Praline. Der weiche, süße Kern ist von harter Bitterschokolade ummantelt. Leider magst du diese Bitterschokolade nicht. Darum solltest du sie nach Möglichkeit umgehen. Zwei Möglichkeiten stehen dir dazu offen: Du gehst in das Gefühl der Trauer hinein. Oder du wechselst die Ebene, auf der du an dir arbeitest.

Jedes Gefühl kann emotional oder energetisch wahrgenommen werden. Als Energie ist Trauer warm und weich und gar nicht unangenehm. Auf dieser Ebene solltest du also bleiben, um die Trauer zu lösen. Dazu konzentrierst du dich auf den körperlichen Ausdruck der Trauer anstatt ihren emotionalen Eindruck. Wo steigt der Druck, wenn das Gefühl der Trauer hochkommt? Was verändert sich im Körper? Konzentriere dich ganz auf dieses Körpergefühl. Jetzt lass zu, dass dieser Druck gelöst und gelockert werden darf. Lass ihn in dich hineinströmen wie Luft, frei durch dich hindurch. So belastet er dich nicht, sondern stärkt dich sogar. Die Energie der Trauer kehrt zu dir als freie Energie zurück.

Selbstmitleidige Grundhaltung

Selbstmitleid unterscheidet sich von der Trauer durch seine Wirkung. Trauer hilft uns über ein emotionales Hindernis hinweg, während das Selbstmitleid auf der Stelle verharrt. Der Wunsch besteht darin, wie ein Kind von den Eltern umsorgt und getragen zu werden, anstatt sich selbst auf den Weg zu machen.

Selbstmitleid entsteht, wenn eine Person in Kontakt ist mit dem, was sie traurig macht, aber die Lösung für dieses Problem nicht kennt. Oft sind hier kindliche Verhaltensmuster am Werk, die unabhängig vom Alter zum Selbstmitleid verführen. Selbstmitleid ist keine erwachsene Haltung, kann aber für die Betroffenen ein echtes Problem darstellen. Tagelanges Weinen verweist ebenso auf dieses Muster wie das Schmoren im eigenen Saft der Unzufriedenheit. Selbstmitleid macht uns unglücklich, aber wir tun selbst nichts dagegen; wir weinen zwar, aber es ändert nichts. Wahre Trauer verändert die gefühlte Situation, wir fühlen uns dadurch besser. Wer also immer wieder wegen des gleichen Themas weint, leidet sehr wahrscheinlich an Selbstmitleid.

Lösung: Ein starker Teil in dir will sich nicht mit deinem Problem beschäftigen. Das ist in Ordnung. Wahrscheinlich bist du von

der Tiefe deiner eigenen Gefühle und Bedürfnisse überfordert. Gib das einfach zu! Gib die Probleme, unter denen du leidest, ab. Halte sie im Geiste einer Kraft hin, die älter und stärker ist als du. Vertraue darauf, dass dir geholfen wird, sobald du es nur zulassen kannst. Du musst dich nicht selbst um deine Bedürfnisse kümmern, wohl aber erlauben, dass sich jemand darum kümmern darf. Halte dich also nicht länger an deinen Bedürfnissen fest, sondern übergib sie einer Kraft, die kompetent genug ist, sie zu stillen. Diese Kraft ist keine außenstehende Person, es sind deine Chakras, deine tieferen Bewusstseinsinstanzen. So machst du die Erfahrung, dass du es wert bist, unterstützt, gehalten und versorgt zu werden. Aber gönne dir auch diese Erfahrung. Gestehe dir zu, an den wunden Punkten berührt und geheilt zu werden. Erlaube dir, deinen Körper zu genießen. Gönne es dir, von Liebe und Freude durchflutet zu sein.

Das kindliche Muster, unter dem du leidest, verweist auf eine frühe Spaltung in der Kindheit. Dadurch glaubt ein Teil von dir unter Umständen, du seist es nicht wert, versorgt zu werden. Hier musst du das Ruder in der Hand behalten und darauf bestehen, dass dir geholfen werden darf. Nur wenn du dich gegen diesen autoaggressiven Anteil durchsetzt, wirst du dauerhafte Versorgung und Selbstliebe erfahren.

Neidische Grundhaltung

Wer zwischen Selbstmitleid und Wut stecken bleibt, ist neidisch oder missgünstig. Zwischen Neid und Missgunst besteht ein feiner Unterschied. Während Neid das wünscht und haben will, was der andere hat, ist die Missgunst damit zufrieden, wenn es der andere ebenfalls nicht bekommt. Neid verleitet zum Diebstahl, Missgunst zur Sachbeschädigung.

Eine neidische Grundhaltung entsteht, wenn der größte gefühlte Mangel in der eigenen Energiewolke liegt und nicht außerhalb davon. Wir beneiden unsere verdrängte Wut um ihre große Kraft und Energie. Wir beneiden unseren Liebesmangel um seine Größe. Dadurch lösen sie sich nicht, da der Neid zwischen dem Mangel und der inneren Fülle liegt und dieses Füllhorn in uns verschließt.

Ein Hinweis darauf, dass unsere Grundhaltung von Neid geprägt ist, wäre ein allgemein neidischer Ton, der in uns schwingt. Wer seine Freundin um ihren Liebeskummer beneidet, da diese wenigstens einen Freund hat, scheint so veranlagt, ebenfalls der Millionär, der den Arbeitslosen um seine freie Zeit beneidet.

Lösung: Neid ist ein Gefühl, das man als »unvergönnte Liebe« umschreiben könnte. Neid ist im Grunde Liebe. Wir lieben das teure Haus des Nachbarn, wir lieben den schönen Urlaub, den er macht, wir lieben seine Haushaltsgeräte oder seinen Hund, aber wir gönnen uns diese Liebe nicht. So bleibt die Liebe unerfüllt, ihre Energie bleibt eng, ist blockiert und wird so zum Gefühl des Neides.

Neid ist also eine Form der Liebe. Strahle darum alles mit deinem Neid an. Strahle aus der Mitte deines Herzens alles an, was deinen Neid weckt, seien es nun das Haus, der Garten, die Urlaubsfotos oder Haushaltsgeräte deines Nachbarn. Nur unterdrückter Neid kann sich sammeln und so zu der neidvollen Grundhaltung führen. Während der Meditation leuchte auch deine Bedürfnisse und verdrängten Gefühle mit der Energie deines Neides an. Neid ist deine Form, Kontakt zu Menschen und Dingen herzustellen. Indem du den Neid herausleuchtest, wandelst du die unvergönnte Liebe in aufrechte Liebe. Und was wäre schöner, als alles im Leben mit Liebe anzuleuchten?

Es gibt eine kleine Übung, welche die Haltung zu deinen Bedürfnissen komplett verändern kann. Dazu begibst du dich in deiner Vorstellung noch einmal in einen Raum, worin du deine ungestillten Bedürfnisse vor dir erscheinen lässt wie Objekte. Das Gefühl, das du gegenüber diesen Bedürfnissen empfindest, soll wie eine hell leuchtende Kugel zwischen euch stehen. Von dieser strahlenden Kugel ausgehend, visualisierst du mehrere Nabelschnüre, die deine Bedürfnisse versorgen. Die Wut, Angst oder Trauer soll deine Bedürfnisse stillen, jedoch in einer weißen, transformierten Form. Es ist leicht vorzustellen, aber lebensverändernd!

Fallbeispiel
Kriminelle Gefühle

Der Hass auf seine Mutter wurde nur noch von seiner Abscheu übertroffen. Er wusste nicht, was er mehr verachtete, die Art wie sie ihre Haare trug, oder diese ausgedünnten, grau gewordenen Haare selbst. Ja sogar wie sie beim Sprechen mit dem Kopf wackelte, widerte ihn an.

Matthias kam an einem absoluten Tiefpunkt seines Lebens zu mir. Er war gerade aus dem Gefängnis entlassen worden und suchte eine Orientierung. Seit frühster Jugend lebte Matthias in einer ständigen Anspannung. Die Energie in seiner Aura strich über die Gegenstände um ihn herum wie ein von Angst geführter Finger.

»Sobald ich an etwas denke, das mir Freude bereitet, ist der Gedanke da, dass diese Freude nie von Dauer sein wird. Dann ekelt mich das, was mich eben noch erfreute, und reizt mich bis zur Wut.« Das ging so weit, dass er eine Frau unbändig begehrte, und kaum lag sie nackt in seinem Bett, ekelte er sich vor ihr.

Frauen waren für Matthias ein ewiges Thema. Es ging nicht mit ihnen und erst recht nicht ohne sie. Sein Begehren überfiel ihn wie ein Heißhunger; schlang er sich dann voll, überkam ihn Übelkeit. Er fasste es mit dem Satz zusammen: »Bei mir geht die Freude nahtlos in Ekel über.«

Das konnte ich erklären. Dieses Phänomen bezeichne ich als »Gefühlsvermischung« (siehe auch S. 68). Es entsteht, wenn zwei gegensätzliche Gefühle nur noch miteinander auftreten, da sie durch ein biografisches Ereignis miteinander verschmolzen sind.

Bei Matthias hatten sich Freude und Ekel sowie Liebe und Wut unheilvoll miteinander vermischt. Eines dieser Gefühle zog das andere nach sich. Bei einer Gefühlsvermischung heben sich die beiden gegensätzlichen Gefühle nicht auf, sondern bestärken einander. Sie ringen und zerren aneinander wie Parfüm und Gestank. Es zieht sie auseinander, sie wollen sich trennen, aber die unheilvolle Verbindung hält sie zusammen. Es entsteht ein extrem unangenehmes Körpergefühl, als würde etwas zerreißen. (Siehe Abbildung »Emotionalkörper«, S. 87.)

Matthias hatte das Gefühl, all das habe mit seiner Mutter zu tun. Um sie zu demütigen, hatte er schon früh die falsche Bahn eingeschlagen. Seine Versuche, ein schlechter Mensch zu sein, der von seinen Lastern und Launen getrieben wird, scheiterten an einer kindlichen Beschämung, die er bei jeder dieser Unternehmungen empfand.

»Die Welt«, sagte er finster, »ist nicht für die guten Menschen gemacht. Der Skrupellose verdient mehr als der Brave. Wer schamlos ist, lebt vergnüglicher, als wer anständig ist; und wer lügen kann, kommt weiter, als wer gläubig ist.«

Diese geistige Verwirrung hatte bei ihm schon früh eingesetzt. Bereits als Junge erstarrte Matthias' Körper beim Klingeln des Telefons oder beim Klopfen an der Tür. Sein Brustkorb zog sich zusammen, wenn er hinausgehen musste, um einzukaufen oder Freunde zu treffen. Und sein Liebesleben beschränkte sich seit seinem ersten Mal ausschließlich auf Prostituierte. »Normale Frauen«, wie er sie nannte, würden jede Liebelei nach wenigen Tagen beenden. Seine Ängste vor tiefen Gefühlen, einer Kränkung oder dem Vertrauensverlust schwappten zu dicht an der Oberfläche, um unauffällig zu sein.

Nachdem ich mir seinen Energiekörper angeschaut hatte, sagte ich ihm, es gebe eine einzige Ursache für all diese Probleme in seinem Leben: die Urangst, die sich in seinem Nervensystem ausgebreitet habe. Die Urangst ist unser Instinkt, das Bauchgefühl, das uns rät, etwas zu tun oder zu lassen. Im Grunde kennt sie nur drei Muster: wegrennen, angreifen oder erstarren. Die Körperspannung von Matthias, die ihn seit Kindertagen begleitete, seine neurotische Gedankenwelt sowie die Hemmungen Frauen gegenüber gingen alle auf die Urangst zurück. Sie ist wie eine Alarmanlage, die im Falle einer existenziellen Bedrohung anschlägt. Ist sie einmal geweckt, muss sie wieder beruhigt werden. Leider verdrängen und verleugnen viele Menschen dieses Gefühl, wodurch sie immer stärker wird.

Es gibt immer ein Ereignis, das die Urangst weckt. Als ich mir bei Matthias die Urangst, die ihn wie eine blaue Wolke erfüllte, genauer ansah, sah ich seinen Vater, wie er die kleine Familie verließ. Matthias war noch sehr klein, aber mit dem Verschwinden seines Vaters ging seine heile Welt unter.

Die Urangst wurde geweckt. Wer sollte die Familie beschützen? Wer würde Nahrung besorgen? Seine Mutter gewiss nicht, sie war schwach und gebrechlich. Hier rührte die seltsame Abneigung her, die er seiner Mutter gegenüber empfand. Mit der Dauerpanik im Körper war sie für ihn zum Ballast geworden. Die Urangst riet ihm, sie hinter sich zu lassen, um das eigene Leben zu retten. Seine Liebe zur Mutter und die Wut auf seine Mutter – wegen ihrer Gebrechlichkeit – verschmolzen unheilvoll miteinander.

Da es niemanden gab, mit dem er reden konnte, verdrängte Matthias alles. Die Ängste bestimmten jetzt zunehmend sein Leben. Einer geregelten Arbeit konnte und wollte er nicht nachgehen. Zugleich sehnte er sich nach finanzieller Sicherheit. Das ewig schlechte Gewissen sowie die bei Tag und Nacht bohrenden Existenzängste fühlten sich für Matthias so an, als habe er bereits die Strafe für ein Verbrechen bekommen, das er noch gar nicht begangen hatte. Es wurde unerträglich. Er musste etwas tun, um einen realen Grund für seine irrealen Ängste zu besitzen. Und so wurde er kriminell.

Als Krimineller brauchte er sich nicht länger mit Fragen zu quälen, woher die Ängste kamen. Endlich hatten sie einen handfesten Grund. Erschrak er beim Klingeln des Telefons, konnte er sich das jetzt erklären. Und selbst sein Liebesleben mit Prostituierten passte in das Klischee eines Kriminellen.

Matthias spielte diese Rolle, so gut er konnte, damit niemand bemerkte, wie unwohl er sich darin fühlte. Lediglich seine Existenzängste passten in das Leben eines Kriminellen – nicht er selbst. Es waren diese Ängste, die ihn dazu brachten, kriminell zu werden.

Als wir Matthias mit seiner Urangst versöhnten, verschwanden mit der Zeit auch die anderen kleinen Ängste, die ihn im Alltag begleiteten. Kaum war sein Körper entspannt, konnte sich auch sein Geist erholen. Es gab für ihn keinen Grund mehr, kriminell zu sein. Er konnte einer geregelten Arbeit nachgehen und fand sehr rasch eine Frau, die er lieben konnte.

Diesen Fall führe ich als Beispiel an für das *Prinzip der Resonanz*. Damit unsere Gefühlswelt mit der Realwelt zusammenpasst, bringen wir sie in Übereinstimmung – selbst dann, wenn wir dadurch einen Schaden davontragen.

Liebe deine Angst

Das Kernproblem der Angst ist, dass wir sie nicht lieben. Gefühle sind wie Menschen in einer sozialen Gemeinschaft. Werden sie nicht ausreichend geliebt, beginnen sie Probleme zu bereiten. Die Liebe ist das Band, das alles verbindet, Menschen ebenso wie unsere emotionalen Teile. Viele Menschen empfinden Ekel oder Wut im Kontakt mit ihrer Angst. Von Liebe ist das weit entfernt. Lesen solche Menschen jetzt, dass sie die Angst lieben sollen, setzt das noch zusätzlichen Stress frei, der die wahren Gefühle noch weiter zensiert und verbietet.

Versuche nie, etwas zu lieben, das du nicht liebst. Liebe lässt sich nicht befehlen. Versuche, die Liebe geschehen zu lassen. Liebe ist etwas, das von Herzen passiert, sobald die Erlaubnis des Kopfes da ist.

Authentisch zu sein in seinen Gefühlen ist das Einzige, was zählt. Du musst deine negativen Gefühle nicht lieben – es reicht, zuzulassen, dass sie geliebt werden dürfen.

Jedes Chakra produziert mit seiner Energie auch ein Gefühl, welches positiv oder negativ gewertet werden kann. Angst ist ein Gefühl des Kopfchakras und wird leider viel zu oft negativ gewer-

tet. Mit dem Kopf denken wir, und angstbesetzte Gedanken lösen Angstgefühle aus. Darum leiden kopflastige Menschen auch häufiger unter Ängsten. Sie denken über viel mehr Dinge nach, die dann wiederum Angst erzeugen. Werden Ängste verdrängt, sammeln sie sich wie ein Gift im Körper. Der Stress durchsetzt den Energiekörper und steigt jede Nacht auf, um uns um den Schlaf zu bringen. Wegen dieser Vergiftung vertragen wir keinen weiteren Stress mehr. Jede Form der Belastung kann jetzt das Fass zum Überlaufen bringen. Selbst die Fahrt in den Urlaub oder ein spannender Film können dann Stress bedeuten.

In diesem Zusammenhang ist die Amygdala bedeutsam, eine organische Struktur im Gehirn, die maßgeblich für unsere Angstverarbeitung und Angstverträglichkeit zuständig ist. Wie viel Angst ein Mensch als angenehm empfindet, bis es in Stress umschlägt, ist an dieser Struktur ersichtlich.

Wie im Schaubild auf S. 86 zu sehen, sitzt die Amygdala im unteren Teil des Gehirns und ist entwicklungsgeschichtlich entsprechend alt. Energetisch sieht die Amygdala aus wie eine gläserne Traubenrispe. Sie spiegelt in ihren zahlreichen Kugeln den Zustand unseres Körpers und Geistes. Wie in einem Facettenauge nehmen wir so uns selbst und die Umwelt in einer 360-Grad-Rundumsicht wahr.

Idealerweise ist die Energie der Amygdala rot. Das bezeugt einen sehr entspannten Zustand, der auch körperlich messbar ist. Ist die Amygdala blau gefärbt, haben wir Angst. Das ist bei den meisten Menschen, und zwar Tag und Nacht, der Fall. Und das hat Konsequenzen.

Die Energie der Amygdala schlägt sich auf der physischen Ebene sehr rasch nieder, das heißt, das organische Gewebe ist hier leicht zu beschädigen, womit die Reizweiterleitung eingeschränkt wird. Die Angst zerfrisst wortwörtlich die Amygdala, um sich dem Dauerstress anzupassen.

Wissenschaftlich untersucht wurde diese Angstanpassung bei der wohl ausgeprägtesten Sorte angsterkrankter Menschen: den Psychopathen. Ein Psychopath ist charakterisiert durch sein Unvermögen, sich emotional, sozial oder moralisch in andere Menschen einzufühlen. Er hat seine Empathie verloren. Spannend ist, wieso das geschehen ist. Denn jeder Psychopath zeigt einen auffälligen Zerfall der Amygdala. Ein Psychopath hat seine Empathie verloren, weil er seine Angst verloren hat.

Diese Anpassung ist meist in der Kindheit geschehen, im Schatten eines gewalttätigen und angsterfüllenden Elternhauses. Der Psychopath ist ein Beweis für die enorme Anpassungsfähigkeit des Menschen. Er hat sich so gut einer von Angst und Schrecken geprägten Umwelt angeglichen, dass er sie als normal empfinden kann, und zwar, indem er seine Angst nicht mehr spürt. Das erzeugt das psychopathische Verhalten, welches davon geprägt ist, dass Menschen wie Objekte behandelt werden.

Und das ist der springende Punkt: Angst ist der Vermittler zwischen uns als Person und uns als Objekt. Ohne die Angst nehmen wir auf uns (als Objekt) keine Rücksicht. Wir laufen vor ein Auto, in dem Wissen, dass es uns umbringen kann, aber es bedeutet uns nichts.

Wir können Angst um die Wohnung eines Freundes haben, wenn sie brennt. Ebenso können wir Angst um ein Kind haben, das leidet, obwohl es gar nicht unser Kind ist. Diese Gefühle entspringen unserem Mitgefühl und haben ihre Quelle in der Angst. *Es ist die Angst, die uns menschlich macht, denn Angst erhöht die Empathie.* Es ist die Angst, die uns vermittelt, dass etwas geschützt werden sollte. Die Angst rät uns, etwas zu tun, um uns oder ein anderes Wesen zu schützen. Diese Fürsorge beruht auf dem menschlichsten aller Gefühle: der Anteilnahme, dem Mitgefühl.

Vielleicht kannst du jetzt verstehen, weshalb die Angst unser Freund ist. Sie macht uns menschlich. Ohne unsere Angst wären wir Psychopathen. Ohne die Angst wüssten wir nicht, wen oder was wir beschützen sollten. Und ohne Angst könnten wir nicht fühlen, was wir fühlen.

Es ist krank, zu wenig Angst zu empfinden. Aber noch häufiger treffen wir Menschen, die krank sind, weil sie zu viel Angst haben. Dabei sollten wir zwischen verschiedenen Formen der Angst unterscheiden.

Formen der Angst

In meiner Arbeit teile ich die Angst in drei verschiedene Formen. Es gibt neue Angst, alte Angst und die Urangst.

Die neue Angst wird in einer bedrohlichen Situation frisch erzeugt. Sie produziert eine kühle, blaue Energie im Kopfchakra und dient der gesteigerten Klarheit im Augenblick. Wenn sie nicht unterdrückt wird, ist diese frische Angst sehr angenehm und wird auch von den meisten Menschen als Adrenalin-Kick oder zumindest Nervenkitzel geschätzt.

Neue Ängste sind selten ein Problem. Wir produzieren sie, und sofern wir uns nicht gegen sie wehren, vergehen sie auch wieder. Wir erkennen sie an drei durchaus positiven Eigenschaften:

- Aktivierung des Körpers:
  beschleunigter Puls, Vorwärmen der Muskeln
- Reduzierung von Schmerz:
  Kälte- und Taubheitsgefühle im Körper
- Aufklaren der Sinne:
  erhöhte Aufmerksamkeit, schnelleres Denken

Wird die neue Angst verdrängt oder nicht wahrgenommen, entstehen Schwindelgefühle wie Drehschwindel, Übelkeit, Gefühllosigkeit, Druckgefühle im Brustkorb und Herzstechen bis hin zu Herzrhythmusstörungen. Wer seine neuen Ängste verdrängt, erzeugt dadurch die alten Ängste der Zukunft.

Daneben existiert die alte Angst. Diese war natürlich auch einmal taufrisch, wurde aber in der damaligen Situation verdrängt, verleugnet oder unterdrückt.

Sie gleicht in meiner Wahrnehmung blauen Blasen oder Strängen im Körper, je nachdem, ob sie im Meridiansystem (linienförmig), den Organen (wolkenförmig) oder den Chakras (kugelförmig) sitzt.

Die alte Angst kann reaktiviert werden. Leistungsdruck zählt zu diesen alten Ängsten, ebenso wie das schlechte Gewissen oder Traumata. All diese Ängste werden in bestimmten Situationen wieder aktiviert und wollen erneut gefühlt werden. Wehren wir uns dagegen, steigt der körperlich fühlbare Druck.

Alte Ängste spielen in der Therapie eine übergeordnete Rolle. Sie beeinflussen unser Verhalten auf irrationale Weise. Wer kennt sie nicht, diese Ängste, die hochkommen, sobald sich eine alte Gefahr zeigt? Wer Angst vor Wasser hat, da er beinahe ertrunken wäre, leidet an alten Ängsten.

Der energetische Unterschied zwischen alten Ängsten und neuen Ängsten ist selbst für Laien nachfühlbar. Alte Ängste steigen buchstäblich hoch, also aus den tieferen Chakras zurück zu ihrem Entstehungsort: dem Kopfchakra. Wir empfinden sie meist tiefer in unserem Körper, was beim Herzchakra unangenehm werden kann. Neue Ängste befinden sich noch nahe der Quelle, also bei den oberen Chakras. Wir fühlen sie erst am Kopf und dann beim Herzchakra. Sie schwimmen gefühlt ein paar Zentimeter außerhalb des Körpers, wodurch sie uns auch nicht so stark belasten. Erst wenn wir beginnen, die frische Angst zu unterdrücken, schieben wir sie tiefer in den Körper hinein, wo wir sie dann später wieder empfinden.

Darum treffen und belasten uns alte Ängste stärker. Sie sitzen uns tatsächlich tiefer in den Knochen und im Fleisch. Sie haben uns damals überfordert und tun es wahrscheinlich immer noch. Warum sonst hätten wir sie verdrängt?

Männer und Frauen reagieren auf alte Ängste unterschiedlich. Das mag daran liegen, dass Angst zu zeigen als unmännlich gilt. Frauen zeigen ihre Ängste sichtbar, erscheinen nervös und sind sich ihrer Ängste auch eher bewusst. Sie handeln jedoch entlang anerzogenen Vermeidungsstrategien, die sie wie Sicherungsleinen in ihrem Leben gespannt haben. Frauen stellen sich ihren alten Ängsten oft nicht, sondern gehen ihnen konsequent aus dem Weg; so kommt es zu keiner Lösung.

Männer verdoppeln eher ihre Bemühungen, sobald sie alte Angst spüren. Auch sie flüchten vor der Angst, kompensieren das jedoch durch Arbeit und zeigen sie nicht. Sie springen vom Auto ins Flugzeug, überall anwesend und nirgendwo zu Hause. Sie schaffen alles, aber erreichen nichts. Egal, wie viel Geld sie anhäufen oder dank wie vieler Pokale sich ihre Regalbretter biegen, diese Männer können einfach nicht aufhören. Ihr Getriebensein ist typisch; sie können nicht zur Ruhe kommen, da sie sonst ihre Ängste spüren würden.

Hetzen Männer von Termin zu Termin, rechtfertigt dies ihre innere Anspannung, für die sie sonst keine logische Erklärung hätten. Sie müssten eingestehen, an alten, aus der Kindheit stammenden Ängsten zu leiden – etwas, das Frauen vielleicht zugeben dürfen, echte Kerle aber nicht. Leider kommen solche Männer erst dann zur Besinnung, wenn sich ein körperliches Leiden oder der berühmte Burn-out eingestellt hat.

Übung

Keine Angst vor der Angst

Setze oder lege dich bequem hin. Spüre in deinen Körper hinein und atme bewusst in den Bauch. Dein Atem strömt mit der Zeit wie von selbst in deinen Körper hinein und wieder heraus. Beobachte deinen Körper dabei, wie er atmet.

Fühle jetzt langsam in die Stellen deines Körpers hinein, die ständig angespannt sind und unter Strom stehen. Anstatt die Muskeln willentlich entspannen zu wollen, verstehe sie wie Teile deines Körpers, die keine Luft bekommen. Lass die Blockaden in deinem Körper atmen. Dir wird auffallen, dass diesen Stellen in deinem Körper im wahrsten Sinne des Wortes der Atem stockt. Sie bekommen keine Luft. Erlaube ihnen, dass sie endlich wieder atmen dürfen. Dabei kannst du erfühlen, dass ihr Atemrhythmus sich von deinem unterscheidet.

Während du ruhig ein- und wieder ausatmest, steht der Atem in den Blockaden zunächst still. Lässt du zu, dass diese Teile deines Körpers wieder atmen dürfen, schnappen sie ängstlich nach Luft. Sie sind sprichwörtlich starr vor Angst und müssen langsam wieder Luft holen. Allmählich wird sich ihre Beklemmung lösen und ihr Atem beruhigen. Damit beruhigt sich auch deine Energie und kommt wieder ins Fließen.

Erlaube nun, dass deine Angst geliebt wird – nicht von dir, sondern von einer Kraft, die älter und stärker ist als du. Fühle in deinen Körper hinein und spüre, wo dort die Angst sitzt. Sie ist immer da. Nur wenn du dich gegen sie wehrst, wird sie als Druck und Spannung fühlbar. Halte dieser älteren und liebevollen Kraft die Ängste im Geiste hin. Sie soll deine Ängste lieben. Gib ruhig zu, dass du damit überfordert bist; das ist ohnehin offensichtlich. Authentisch zu sein in deinen Gefühlen ist alles, was zählt.

Die heilsame Kraft wird deine Angst lieben, und damit schwindet auch der Druck, den sie erzeugt.

Sobald du Erfahrung mit dieser Übung gesammelt hast, kannst du dich an zentrale Angstpunkte in deinem Energiekörper wagen. Dafür solltest du ein paar Tage frei nehmen, ohne Aufgaben und Stress.
Eine der Hauptblockaden der Angst ist das Stammhirn. Fühle beim obersten Halswirbel in den Hinterkopf hinein. Ein Druckgefühl, das sich oft wie eine Kugel anfühlt, ist angestaute Angst. Um diese atmen zu lassen, brauchst du Geduld und Ruhe. Dabei kann es zu unangenehmen Körperempfindungen kommen wie Taubheitsgefühlen im Kopf, Kribbeln auf der Haut oder auch visuellen Effekten. Denke daran, dass deine Wertung diese Körperempfindungen angenehm oder unangenehm werden lässt. Wertest du die Empfindungen als positiv, da sie ein Zeichen der Auflösung deiner Ängste sind, wird auch die Erfahrung angenehm sein.
Die zweite zentrale Stelle in unserem Kopf ist das Gewissen. Es sitzt energetisch weiter oben, etwa vier Zentimeter über dem letzten Halswirbel, und gleicht in der Form häufig einer Kartoffel, die bereits Wurzeln ausgebildet hat. Diese »Wurzeln« sind die Energiebahnen, die das Gewissen in Besitz genommen hat. Die sprichwörtlich gewordenen Stiche und Bisse des Gewissens entstehen aus einer kindlichen Angst, ungenügend zu sein. Leistungsdruck ist darum ebenfalls in diesem Teil des Energiekörpers verortet. Darüber erfährst du mehr im Kapitel »Schuldgefühle, Selbsthass und Leistungsdruck«.
Wer stark von Ängsten geplagt ist, dem empfehle ich zudem meine CD »Die Angst als dein Freund – Ängste ergründen und auflösen« mit heilsamen Meditationen.

Die Urangst

Die Aufarbeitung alter Ängste kann wichtig sein, ist es in den meisten Fällen aber nur insofern, als dass Ängste unsere Bedürfnisse verdecken. Gestillte oder ungestillte Bedürfnisse sind viel wichtiger für unser seelisches Gleichgewicht als alles andere. Ich sage das so oft, weil es so bedeutsam ist.

Unter allen Ängsten, die es gibt, ist eine wichtiger als alle anderen Ängste zusammen: die Urangst.

Obwohl unser Leben so sicher ist wie noch nie in der Vergangenheit, fühlen sich viele Menschen im Gegenteil unsicherer als jemals zuvor. Der Grund dafür ist die sogenannte Urangst, unsere tiefen, niemals schlafenden Instinkte.

Die Urangst gleicht unserer Alarmanlage aus der Steinzeit. Sie ist der Instinkt, den jedes Tier und jeder Mensch besitzt. Sie warnt uns vor Menschen und Situationen, und wenn wir mit ihr zusammenarbeiten, kann sie durchaus hilfreich sein. Wenn nicht, kann das Unterdrücken der Urangst zu einer Art Teufelskreis führen, in dem auf beiden Seiten mehr und mehr Druck aufgebaut wird. *Wehren wir uns gegen die Urangst, wird sie stärker.*

Es ist extrem wichtig, das zu akzeptieren. Die Urangst werden wir nicht los; sie lässt sich nicht wie ein abgespaltener Anteil integrieren, obgleich sie diesem in Farbe (bläulich) und Qualität (kalt) ähnelt. (Siehe auch Abbildung S. 89.)

Die Urangst macht sich bemerkbar durch:

- Erstarren: das plötzliche Erstarren in der Bewegung
- Flucht: der Reflex, wegzulaufen
- Angriff: eine spontane Aggression

Erstarren, Flucht und Angriff sind die drei Reaktionsformen der Urangst. Verdrängen oder verleugnen wir die Urangst, verstärken wir sie; das heißt, die Erstarrung, die Flucht oder der Angriff nehmen an Intensität zu. Aus Sicht der urzeitlichen Alarmanlage ist das durchaus intelligent. Werden ihre Warnsignale überhört, wird

der Alarm immer lauter. Sobald wir auf den Alarm reagieren, wird er sofort leiser. Wie so oft im psychosomatischen Bereich wäre alles halb so wild, würden wir das akzeptieren, was wir fühlen. Wer die Urangst ignoriert, verstärkt sie. Wird die Urangst immer lauter, müssen auch die Verdrängungsmechanismen stärker werden. Druck und Gegendruck nehmen auf beiden Seiten immer weiter zu. Hat sich der Impuls des Angriffs der Urangst beigesellt, kann sich dieser Angriff in der Folge gegen uns selber richten; der physische Körper beginnt zu leiden.

Typisch für die verdrängte Urangst sind folgende Symptome: Zähneknirschen, Hypochondrie und somatoforme Störungen, also Nerven- oder Muskelschmerzen im Körper, die medizinisch nicht erklärbar sind. Hinzu kommen große anhaltende Müdigkeit und Erschöpfung oder Gefühle der Hoffnungslosigkeit und Vergeblichkeit bis hin zur Depression. Dies resultiert aus dem Reflex des Erstarrens, wodurch unbewusst unsere Lebensenergie und zuletzt auch unser Lebenswillen erstarrt. Aus »Besser nicht bewegen« wird »Besser nicht mehr leben«. Auch Essstörungen, soziale Phobien, das Aufmerksamkeitsdefizitsyndrom (ADS), Flugangst und Höhenangst gehören zu diesen Symptomen, ebenso diverse Ängste, die sich nachweislich nicht mit dem erklären lassen, worauf sich diese Ängste richten, die Angst vor Spinnen und Mäusen zum Beispiel; beide sind harmlos.

Doch warum reagieren wir so irrational? Die Urangst geht immer vom Schlimmsten aus. Sticht etwas im Körper, glaubt sie, es wächst gerade ein Krebsgeschwür heran. Zwickt etwas nahe am Herzen, geht sie von einem Herzinfarkt aus. So denkt die Urangst, und so spricht sie zu uns.

In grauer Vorzeit war diese Reaktion angemessen. Jedes laute Geräusch war ein Hinweis auf ein Raubtier, das uns fressen wollte. Jede Verletzung des Körpers konnte den Tod bedeuten, ebenso wie die Erkrankung eines Clanmitglieds. Der Verstoß aus der sozialen Gruppe kam einem Todesurteil gleich. Wer innerlich zusammenschrickt, nur weil es an der Tür läutet, wer keine

Lust mehr verspürt, ins Freie zu gehen, oder sich an seinen drögen Arbeitsplatz klammert, als hinge sein Leben davon ab, der spürt am eigenen Leib, dass diese Alarmanlage zu empfindlich eingestellt ist. Die Urangst fiept beim kleinsten Anlass; sie ist nicht an unsere moderne sichere Welt angepasst. *Die Urangst versteht nicht, wie sicher wir heutzutage sind.*

Das wechselhafte Muster aus Angst vor der Nähe und Angst vor dem Alleinsein ist ebenfalls typisch für eine überaktive Urangst. Der Instinkt rät dem Menschen, einen Partner zu suchen, denn nichts ist schlimmer, als alleine durch die Wildnis zu streifen. Ist ein Partner gefunden, klammern wir uns womöglich zu stark an ihn, was wiederum Verlustängste auslöst. Dann spielen wir innerliches Tauziehen mit uns selbst.

Finden wir einen Partner, wägen wir instinktiv ab, ob die soziale Gruppe (unsere Familie) unseren neuen Partner akzeptieren würde. Kommt die Urangst, unser Instinkt, zu dem Schluss, dass das nicht oder kaum der Fall sein würde, will sie ihn loswerden. Jetzt entsteht ein Tauziehen mit dem Partner, den wir als Person anziehend finden, während unsere Urangst ihn gleich wieder loswerden will.

Das mag seltsam klingen, aber aus Sicht der Urangst zählt zunächst und vor allem das eigene Überleben. Den Menschen veredelnde und erhebende Gefühle kennt die Urangst nicht; diese müssen wir ihr erst beibringen.

All diese Verhaltensweisen verstehen wir besser, wenn wir das Schwarz-Weiß-Muster erkennen, in dem die Urangst denkt und handelt. Verlassen werden vom Partner kann wahre Existenzängste auslösen, ebenso wie die Vorstellung, ihn zu verlassen, auch wenn er nicht der Richtige ist. Gefühle, wie wir sie kennen und schätzen, sind für die Urangst kaum von Bedeutung; sie kann und darf keine Rücksicht darauf nehmen. Für sie geht es ums nackte Überleben, um »Alles oder nichts«. Für die Urangst zählt das Fortbestehen des physischen Körpers; dieser wird von ihr bewohnt und überwacht. Und in diesen krallt sie sich regelrecht fest.

Die Urangst ist in Wahrheit nichts Fremdes für uns, oder? Sie ist uns sehr vertraut. Wir reden nur nicht über sie, denn wir alle wissen: Bei dieser Angst sind Worte nutzlos. Die Antwort der Psychiater auf die Urangst sind Medikamente. Gesprächstherapie gleitet wirkungslos an der Urangst ab. Wir können in der altbekannten Weise mit der Urangst nicht reden, so wenig wie mit einer Alarmanlage. Hypnotherapie und Traumreisen sind da wirkungsvoller; denn die Urangst ruht nie, sie schläft nicht, und sie lässt sich nicht narkotisieren.

Operationen sind somit für unsere Urangst der Supergau. Unser Wachbewusstsein mag schlafen, aber das Unterbewusstsein ist hellwach. Was würdest du sagen, wenn du blind und bewegungslos daliegen müsstest und plötzlich jemand anfinge, dir die Zähne zu ziehen oder Organe zu entfernen? Und das, obwohl du ohnehin schon ein Hypochonder bist? So fühlt sich die Urangst bei einer Operation.

Bis zum heutigen Tag habe ich Hunderte dieser OP-Traumata lösen müssen. Dabei könnten wir all diesen Stress von uns fernhalten, wenn wir nur eine Kleinigkeit in unseren Krankenhäusern ändern würden: *Der narkotisierte Patient sollte behandelt werden, als wäre er hellwach.* Vor der Narkose sollte der Patient die Atemmaske selbst halten dürfen, statt sie einfach auf das Gesicht gepresst zu bekommen. Vor und während der Narkose sollte der Anästhesist beruhigend auf den Patienten einreden und ihm alles erklären, was geschieht. Er sollte im Plural sprechen, also beispielsweise: »Wir kümmern uns um dich«, und negative Suggestionen vermeiden. Bevor der Patient angefasst wird, wird ihm gesagt, dass er jetzt angefasst wird. Sobald der Eingriff anders verläuft, als vorher abgesprochen, wird dem Patienten erklärt, warum dies notwendig und heilsam ist. Sätze wie: »Das sieht nicht gut aus«, oder: »Das muss alles raus«, können sich tief in das Unterbewusstsein fressen und dort weiterhin ihr Unwesen treiben.

Die Urangst kann groß oder klein sein. In meiner Wahrnehmung ist sie eine dunkelblaue Energie, die wie Blätter eines Farns ausgefranste Muster zeigt. Diese »Fransen« sind die Nerven, an die sie sich geklammert hat. Besonders tief vermag sie sich an das Stammhirn und den Vagusnerv zu klammern. Anhand ihrer Größe und Aktivität kann ich entscheiden, wie stark der Mensch von der Urangst besetzt ist. Diese dunkelblaue Energie zeigt ihre Größe und Aktivität an. Die rote Energie des Wurzelchakras dient als Gegenkraft und wirkt beruhigend auf die Urangst. Sie kann organisch dem Parasympathikus zugeordnet werden.

Das Mengenverhältnis der blauen Energie verweist auf den Zustand der Urangst. Ist die blaue Energie groß und im Körper ausgebreitet, ist die Urangst sehr aktiv, was die rote Energie verkleinert. Vergrößern wir durch eine Meditation der Ruhe und Geborgenheit die rote Energie, verkleinert sich die blaue Energie, kann jedoch jederzeit wieder größer werden. Natürlich können beide Energien auch ungefähr gleich groß sein. Dann halten sich Angst und Gelassenheit in etwa die Waage.

All das sind also nur vorübergehende Effekte. Die Urangst wächst immer wieder nach und reagiert äußerst sensibel auf Trigger.[2] Wer versucht, sie aufzulösen, wird ihren Zorn zu spüren bekommen. Dann gleicht sie der Schlange Hydra, der zwei neue Köpfe wachsen, wenn einer abgeschlagen wird. Oder auch dem Besen im Zauberlehrling. Die Urangst zerspringt in immer neue Teile, die alle den gleichen Auftrag besitzen wie das Original zuvor.

Besser ist es, mit der Urangst zu kooperieren, bis ein Grad der Annäherung erreicht ist, wo wir wahrhaftig mir ihr verschmelzen können. Danach ist es, zumindest auf weiten Strecken, möglich, eins zu sein mit seinem Instinkt. So kann ein dauerhafter Informationsaustausch stattfinden, der dem Wohle beider dient. Dafür ist Geduld erforderlich, denn es ist ein weiter und zuweilen steiniger Weg.

Übung

Die Versöhnung mit der Urangst

Zunächst müssen wir Kontakt zu unserer Urangst aufnehmen. Sie sitzt kugelförmig im Oberbauch (siehe Abbildung S. 84/85). Häufig finden wir sie jedoch auch im Becken-, Schulter- und Nackenbereich. Chronische Spannungen und Schmerzen im Körper sollten auf die Urangst hin überprüft werden. Schmerzen oder Nervosität – ohne neurologischen Befund – sprechen sehr für die Urangst, ebenso wie schmerzende alte OP-Stellen sowie Kieferschmerzen oder Rückenleiden. Das Restless-Legs-Syndrom entsteht durch Urangst, die in die Beine verdrängt wurde.

Schließe jetzt deine Augen und visualisiere diesen Schmerz. Er wird dir wahrscheinlich als eine dunkle Wolke vor Augen treten. Solltest du nichts erkennen, konzentriere dich einfach auf das Druckgefühl in deinem Körper.
Personifiziere dieses Druckgefühl bewusst als ein Tier, das gefühlt zu diesen Spannungen passt. Ist der Schmerz oder die Spannung sehr groß, wäre ein süßer kleiner Hamster demnach unpassend. Eine Riesenkrake, die dich umklammert, oder ein großer schwarzer Wolf passen da besser. In 70 Prozent der Fälle wählen meine Klienten einen großen knurrenden Wolf. Er passt sehr gut zur Urangst.
Erkennen können wir die Urangst, indem wir versuchen, das Tier zu berühren. *Die Urangst reagiert aggressiv auf Berührung, aber nicht, weil sie wütend ist, sondern weil sie Angst hat.* Das ist ihr Muster, dieses Muster erzeugt die körperlichen Probleme, und es spiegelt sich im Verhalten des Tieres. Im Bild des Wolfes gesprochen, würde der Wolf dich also zähnefletschend anknurren. Wenn du ihn danach zu streicheln versuchst, scheut er ängstlich zurück. Gratuliere! Damit hast du die Urangst gefunden.

Wenn du ein Tier gefunden hast, das dieses Verhalten zeigt, hast du die Urangst aufgespürt und Kontakt aufgenommen. Jetzt können wir damit arbeiten. Lass das Tier tun, was immer es tun will, halte es im Geiste nicht fest. Schau, was es tut. Wie sieht es aus, wie fühlt es sich an und was macht es gerade?

Typisch ist, dass die Urangst in dieser Visualisierung genau das tut, was sie als Körperempfindung auch verursacht. Ist sie momentan sehr groß und aktiv, ist auch das Tier groß und aktiv. Es beißt, schnüffelt oder kratzt dann genau an der Körperstelle, die Probleme bereitet. Versuche das Tier zu streicheln und sieh, was es braucht. Die Urangst wird sich nicht anfassen lassen und knurrt scheinbar aggressiv, aber in Wahrheit hat sie Angst.

Beim Bild des Wolfes erscheint die Urangst oft als ein verwahrloster Einzelgänger. Der Wolf sucht nach etwas zum Fressen und ist nie richtig satt. Also geben wir dem Tier in der Vorstellung etwas zu fressen, bis es sich beruhigt. Stell dir vor, es ist unendlich viel Futter da, das du ihm hinschmeißt. Es soll sich satt fressen. Das Futter sollte breiförmig sein, sodass es keiner großen Mühe bedarf, es zu verschlingen oder zu verdauen. Du kannst es innerhalb weniger Minuten schaffen, dass die Urangst satt ist und sich anfassen lässt. Du wirst sehen, dass die Urangst bereits kleiner und ruhiger geworden ist. Im Bild erscheint der Wolf jetzt vielleicht wie ein Hund.

Streichle das Tier jetzt und gönne ihm alles, was es braucht, all die Liebe und Geborgenheit, die es vermisst. Nicht du gibst ihm die Liebe, du gönnst sie ihm nur. Es kostet dich keine Mühe oder Energie – das ist sehr wichtig. Doch du erlaubst, dass die Urangst geliebt werden darf. Aus dem Hund wird langsam ein Welpe. Die Urangst wird immer kleiner und ruhiger.

Versuche jetzt, den Körper des Tieres von der alten Stelle (in der es sich gleichsam festgebissen hat) aufzuheben und das Tier auf deinen Oberbauch zu legen. Natürlich wacht die Urangst dadurch wieder auf. Löse vorsichtig und ohne jede Gewalt, sondern sehr zärtlich und immer auf die Bedürfnisse des Tieres bedacht, jede Pfote, jeden Zahn, die Schwanzspitze aus deinem Körper und lege diese in das weiche »Körbchen« auf deinem Oberbauch. Es ist typisch für die Urangst, dass sie sich im Körper festgekrallt hat. Diese Verkrampfung gilt es zu lockern und zu lösen. Idealerweise kannst du das Tier komplett aus der alten Stelle lösen und sanft auf deinem Oberbauch halten, ohne dass es hier Probleme bereitet.

Die Versöhnung mit der Urangst ist beendet, wenn sie nicht größer ist als fünf Zentimeter und einer kleinen Kugel gleicht. Im Bild wäre das ein ruhiger Hunde-Embryo. Es hilft, am Ende eine Vorstellung zu kreieren, bei der die Urangst wie ein Embryo im Fruchtwasser schwimmt. In einer Art flüssiger Liebe oder Nährflüssigkeit, die sie mit allem versorgt, was sie braucht. Sie nimmt diese Nahrung und Liebe über die Haut auf. Innen und außen lösen sich sichtbar auf. Derart erhält sie ihre gläserne Form zurück.

Aber die Arbeit mit der Urangst geht weiter. Sie reagiert noch immer sehr stark auf alte Reize und Trigger. Auf ihren ursprünglichen Platz zurückgeschoben, darf und soll die Urangst auf sich aufmerksam machen. Wähle dafür die Stelle deines Körpers aus, die der Heimat der Urangst entspricht: den Oberbauch. Solltest du diesen schlecht spüren, kannst du die Urangst auch auf deine Schulter oder den Unterarm setzen. Erlaube der Urangst, sich dort niederzulassen und sich zu zeigen. Spannt sich in Zukunft der Oberbauch (oder die Schulter) an, heißt das, die Urangst macht auf sich aufmerksam.

In den nächsten Tagen und Wochen geht es darum, alles *mit* der Urangst zu tun, nicht *ohne* sie. Es ist erklärte Absicht, den Instinkt, unsere Urangst immer bei uns zu haben. Wir müssen in Zukunft genau darauf achten, wie und auf was unser Instinkt reagiert. Liegt das Tier zusammengerollt auf dem Bauch und schläft, ist die Urangst zufrieden und ruhig. Ist es erwacht, spitzt die Ohren und schaut etwas mit weit aufgerissenen Augen an, sollten wir das genauer ansehen.

Die Urangst lässt sich beruhigen wie ein Kind, mit dem wir unter das Bett schauen, um ihm zu zeigen, dass dort keine Monster versteckt sind. Wenn die Urangst aktiv wird, weil plötzlich jemand vor der Tür steht, registrieren wir das ab sofort, anstatt die Sorgen zu verdrängen und uns nach dem Besuch ermüdet und ausgelaugt zu fühlen.

Unser Instinkt reagiert auf Dinge, die wir mit dem normalen Wachbewusstsein als völlig harmlos einstufen; das macht den großen Unterschied. Diese Kluft gilt es zu verkleinern. Das Wachbewusstsein nimmt ab sofort Rücksicht auf den Instinkt, der sich vor vielen Dingen fürchtet und immer vorsichtig bleibt. Und der Instinkt wächst gleichsam in der Schule des Wachbewusstseins zu einem gezähmten Haustier heran. Aus einem knurrenden und beißenden Wolf wird ein liebe- und freudvoller Hund.

Die Geschichte des kleinen Prinzen, in der der Fuchs den kleinen Prinzen bittet, ihn zu zähmen, sehe ich als ein Gleichnis für die Zähmung unserer Instinkte: »Komm und spiel mit mir«, schlägt der kleine Prinz dem Tier vor. »Ich bin so traurig ...«
»Ich kann nicht mit dir spielen«, sagte der Fuchs. »Ich bin noch nicht gezähmt!«

Hat die Urangst ihre natürliche Größe angenommen, ist sie in etwa so groß wie ein kleiner Spatz und hat auch eher die Eigenschaften eines Vogels. Sie fühlt sich schwebend und fliegend wohl und hat kein Bedürfnis, sich in unserem Körper festzukrallen. Dann ist sie unser Bote, fliegt zeitlich und räumlich voraus, holt Informationen ein und berät uns in unsicheren Situationen.

Fallbeispiel
Die Wut kochen statt kochen vor Wut

»Das Erste, was ich morgens tue«, sagte Herr Tilmann, »ist, mir jeden klaren Gedanken zu verbieten. Ich verbiete mir jeden Gedanken, bevor ich nicht heiß geduscht, eine Zigarette geraucht und zwei Becher Kaffee getrunken habe. Die Gefahr ist sonst einfach zu groß, dass ich etwas Dummes tun würde.«

»Etwas Dummes?«

»Wie mich umbringen. Mein Problem ist: Ich koche vor Wut. Ich kann nicht mal sagen, dass es morgens schon losgeht, weil es, ehrlich gesagt, abends gar nicht erst aufhört. Ich knirsche nachts mit den Zähnen, nehme Blutdrucktabletten, und ich habe einen beidseitigen Tinnitus. Die Wut pfeift mir buchstäblich aus den Ohren. Schlafen ist wie eine Folter; Kopfschmerzen, bis zur Migräne, dann dieses Gedankenkreisen. Ich wälze mich hin und her, kann Dinge, die über mich gesagt oder mir angetan wurden, einfach nicht vergessen und erst recht nicht verzeihen. Meine Wut verraucht einfach nicht! Ich kann mich jederzeit wieder genauso stark über den Zimmernachbarn im Urlaub aufregen, wie ich es damals getan habe. Es ist das konstante Gefühl, belogen, betrogen und ausgenutzt zu werden, das mich so wütend macht! Wenn ich zum Beispiel im Supermarkt kein Kleingeld für den Einkaufswagen habe, dann brodelt es schon in mir. So geladen gehe ich zur Kassiererin, und wenn die mich blöd anguckt und mir dann keinen Chip geben will oder wirklich keinen mehr hat …, dann platze ich.«

Die Ehe von Herrn Tilmann litt seit Jahren darunter. Seine Frau, eine Heilpraktikerin, glaubte zunächst noch an eine Linderung seiner Beschwerden, gab aber irgendwann auf. Da Resignation ein sickerndes Gift in der Partnerschaft ist, führten die Zustände von Herrn Tilmann zu weiteren Problemen im Freundes- und Bekanntenkreis.

Der Leidensdruck von Herrn Tilmann war so hoch, weil er sehenden Auges das Falsche tat. Wie in einem Film konnte er sich selbst dabei beobachten, wie er im Supermarkt die Milchtüten auf den Boden warf, weil ihm versehentlich eine aus der Hand gefallen war.

Herr Tilmann war ein Scheidungskind. Für Kinder aus getrennten Ehen sind bestimmte Merkmale sehr typisch, die aus der Verdrängung der damals entstandenen Gefühle resultieren. Dazu zählen kindliche Schuldgefühle, verantwortlich für die Trennung der Eltern zu sein, ebenso eine Konfliktscheu, die es jedem recht zu machen versucht, auch wenn damit die eigenen Grenzen überschritten werden. Und Wut und Enttäuschung bezüglich der Eltern, die den Kindern diesen Vertrauens- und Liebesverlust angetan haben.

Mit Blick auf sein Energiesystem sagte ich Herrn Tilmann, die Wut auf alles und jeden habe mit seinem Vater zu tun. Diese Wut saß wie ein dunkler, borstiger Pfropfen in seinem Vitalchakra. Unter meiner Anleitung fühlte Herr Tilmann in seinen Unterbauch hinein und fand Kontakt zu dem uralten Thema seiner Kindheit: dem lieblosen Vater.

Wie so oft lag auch bei Herrn Tilmann der unerschöpflichen Wut ein ungestilltes, schwer gekränktes Liebesbedürfnis zugrunde. Wegen der kindlichen Energie, die darin gespeichert war, verhielt sich Herr Tilmann wie ein 55 Jahre altes, 1,70 Meter großes, extrem bockiges kleines Kind.

Kaum hatten wir diese alte, angestaute Wut befreit und das Liebesbedürfnis gestillt, ging es mit Herrn Tilmann bergauf. Um sein Vitalchakra zu unterstützen, verzichtete er ein paar Wochen auf Weizen, wegen einer gewissen Unverträglichkeit, die wir vermeiden wollten. Kurz darauf konnte Herr Tilmann wieder einkaufen gehen, ohne Milchtüten auf den Boden zu schmeißen; er fährt wieder gesittet Auto und hat sogar seine Blutdrucktabletten abgesetzt.

Wut ist ein sehr zerstörerisches Gefühl, wenn es – aufgrund der negativen Wertung – unterdrückt wird. Denn so seltsam das klingen mag: Menschen wie Herr Tilmann unterdrücken ihre wahre Wut, die Wut auf die Person, auf die sie wirklich wütend sind, meistens die Mutter oder der Vater. Im Falle von Herrn Tilmann

war es die Wut auf und Enttäuschung über den lieblosen Vater. Als Kinder zeigen wir diese Wut oft nicht, lassen sie nicht heraus, aus Angst, die Eltern würden uns ihre Liebe komplett entziehen, wenn sie sehen, wie enttäuscht wir von ihnen sind.

Solche Blockaden bleiben häufig ein Leben lang erhalten, da dieser kindliche Teil in uns sich auch heute noch nicht traut, den Vater und die Mutter mit dieser Wut anzustrahlen.

Wut und Enttäuschung

Die Wut ist in unserer Kultur ein stark negativ gewertetes Gefühl. Bereits als Kinder lernen wir, die Wut als etwas Schädliches anzusehen, das die Beziehung zu unseren Eltern belastet. »Keiner mag wütende Kinder« ist ein Spruch, der sich tief festsetzt. So kommt es, dass die Wut von allen Gefühlen am meisten verdrängt wird.

Wut und Sexualität liegen nahe beieinander. Ihr häufig gemeinsames Auftreten – oder auch Ausbleiben – ist ein Hinweis darauf. Das erschwert den befreienden Umgang mit der Wut noch weiter.

Unterdrücken wir unsere Wut, kann dies Trauer erzeugen. Jeder, der über etwas traurig ist – besonders nach einem Todesfall –, sollte überprüfen, ob er neben seiner Trauer nicht auch oder in Wahrheit Wut empfindet. Geben wir der Wut in uns Raum, wird sich die Trauer in diesem Fall lösen.

Auch Angst kann eine Reaktion verdrängter Wut sein. Die Angst dient dem Kopf zur Unterdrückung der Gefühle. Wut ist ein sehr starkes Gefühl, das entsprechend starke Ängste zur Unterdrückung erfordert. Die Angst vor dem Ehemann, dem Job oder Chef kann somit ein Hinweis auf stark verdrängte Wut sein.

Hält die Wut auf jemanden oder etwas länger als ein paar Minuten an oder will einfach nicht verrauchen, handelt es sich bei der Person oder dem Objekt, auf die oder das wir wütend sind, sehr wahrscheinlich um einen »Stellvertreter«. Die Wut hat sich in diesem Fall von der ursächlichen Person oder Sache verschoben und einen Ersatzmann, einen Stellvertreter gefunden. Die Wut auf den Chef, die täglich hochkocht, entlarvt sich sehr oft als verdrängte Wut auf den Vater. Der Chef ist ein Stellvertreter des Vaters. Wird anstelle des Chefs der Vater im Inneren mit unserer Wut überschüttet und angestrahlt, kann sich auch die Wut auf den Chef endlich legen.

Lehnen wir die Wut nicht ab, zeigt sie sich als eine warme bis heiße, doch sehr entspannende Energie, die vom Unterbauch aufwärts durch den Körper strömt. Aus dem Unterbauch heraus sollten wir sie auch entsprechend auf die Personen und Objekte strahlen, die unsere Wut geweckt haben.

Gefühle bestimmen unser Leben, unser Denken und Handeln, Tag und Nacht – Grund genug, sich zu fragen, woher diese Gefühle stammen und wie sie entstehen. Die Wut entsteht im Unterbauch, genauer gesagt im Vitalchakra. Werden wir wütend, produziert unser Vitalchakra mehr Energie, die entlang den Energiekanälen durch unseren Körper fließt. Wer diese Energie vollkommen zulässt, erlebt eine entspannende, wohlige Hitzewallung, die durch den Körper fließt, um dann wieder zu verebben. Als reine Energie erlebt, ist Wut angenehm und gesund statt schädlich. Die negative Erfahrung der Wut entsteht, sobald wir uns ihrer Energie widersetzen. Die Energie der Wut will sich warm und weich in unserem Körper ausbreiten, aber wir verhärten und verspannen uns, um dem Gefühl zu widerstehen.

Wollen wir nicht wütend sein, verhindern wir die natürliche Ausbreitung seiner Energie. Wir unterdrücken sie. Jetzt ballt und staut sich die Wut in unserem Unterbauch, in der Mitte des Vitalchakras zusammen. Dort kann sie nicht bleiben; wir würden merken, dass dort etwas nicht stimmt. Wir müssen sie noch weiter aus unserem »Blickfeld« verschieben, um sie nicht mehr zu spüren. So drücken wir diese geballte Wutkugel durch unseren Körper, bis wir eine Stelle gefunden haben, die sie erträgt. Die Galle ist gut dafür geeignet oder auch der Magen. Die Knochen und Gelenke bieten sich an, aber auch die Lymphknoten. Jetzt haben wir die

Wut erfolgreich verdrängt. Wir können sie heute Nacht im Schlaf wieder hervorholen, anschauen und akzeptieren. Dann ist nichts Wesentliches geschehen. Doch leider verhält es sich mit der Verdrängung wie mit der Besenkammer der Wohnung. Wer einmal angefangen hat, seinen Müll dort hineinzuwerfen, will irgendwann nicht mehr in diese Kammer hineinschauen. Stattdessen werfen wir immer mehr störenden Kram hinein – so lange, bis es irgendwann nicht mehr geht.

In meiner Wahrnehmung schwimmen unsere Gefühle wie Öl auf Wasser um unseren Körper herum. Dabei können diese schillernden »Öllachen« nur entlang fester Bahnen verschoben werden. Ein Gefühl wie Trauer, das bläulich schimmert und zum Beispiel in den linken Arm verdrängt wurde, sollte erst über den Rücken oder die Schlüsselbeine laufen, um auf den anderen Arm zu wechseln. Die Trauer kann nicht aus der einen Hand in die andere Hand gegossen oder geschüttet werden, obwohl sie auf dieser Ebene der Realität wie eine Flüssigkeit erscheint (siehe Abbildung »Emotionalkörper«, S. 87).

Treffen zwei sehr unterschiedliche Gefühle aufeinander, wie zum Beispiel Hass auf Freude, haben wir gemischte Gefühle, die wir abwechselnd wahrnehmen können oder auch zugleich. Künstler zeigen vermehrt diese Muster. Ich denke, sie ziehen ihre Kreativität aus der Spannung ihrer divergierender Gefühle.

Vermischen sich diese zwei gegensätzlichen Gefühle aufgrund eines realen Ereignisses, entsteht die von mir so genannte »Gefühlsvermischung« (siehe auch S. 44). Es ist das Gefühl, emotional zerrissen zu werden. Die Gefühlsvermischung entspricht der Erfahrung, dass ein gutes Gefühl sein schlechtes Gegenstück nach sich zieht. Das eine ist emotional nicht mehr ohne das andere zu haben. Hinter der Gefühlsvermischung steht immer ein reales Ereignis. Wird es aufgedeckt, können die Gefühle wieder voneinander getrennt werden. Hier ein paar Beispiele aus der Praxis:

Die Klientin: »Immer wenn ich mich sehr freue, habe ich Angst, dass etwas Schreckliches passiert.«

Das biografische Ereignis war der zehnte Geburtstag der Klientin. Sie freute sich sehr über die Geschenke und die Feier. Als sie ihren kleinen Bruder vom Bus abholen wollte, rannte dieser bei ihrem Anblick über die Straße und wurde von einem Auto überfahren. Emotional fixierte sich das Muster, das sie selber so bezeichnet: die Angst, sich zu freuen, weil sonst etwas Schreckliches passiert.

Der Klient: »Sexuelle Erregung ist bei mir mit extremen Schuldgefühlen belastet!«

Dieser Klient ist schwul und ahnte das schon in sehr jungen Jahren. Er wusste auch, dass sein Vater das niemals dulden und sich seine Familie für ihn schämen würde. Schuld und Sexualität vermengten sich untrennbar miteinander.

Der Klient: »Sobald ich etwas aus tiefster Seele hasse, fühle ich diese zärtliche Rührung in meinem Herzen. Ich liebe es, zu hassen, und in gewisser Hinsicht liebe ich dann auch diesen gehassten Menschen. Ist das verrückt?«

Sehr früh in der Kindheit dieses Mannes löste seine Mutter bei ihm große Hassgefühle aus. Dieser Hass blieb in seinem Energiekörper stecken, »wie ein Schuss, der nach hinten losging«. Er traute sich als Säugling nicht, seine Mutter mit so großem Hass anzustrahlen, aus Angst, sie als Versorgerin zu verlieren. Hinter diesem Hass glühte noch immer die große Zärtlichkeit zu ihr, die fühlbar wurde, wenn sich der Vorhang aus Hass lichten durfte. Bei allem, was er so tief hasste, handelte es sich um Stellvertreter. So wurde er seinen Hass nie los. Erst als er sich erlaubte, seine Mutter mit seinem frühkindlichen Hass anzuleuchten, konnte er sein Herz von diesem befremdenden Muster aus Liebe und Hass befreien.

Gefühlsvermischungen lösen wir, indem die konträren Gefühle gegenseitig angestrahlt werden.

Nehmen wir an, die Gefühlsvermischung bestünde aus Liebe und Wut. Energetisch können wir uns die Wut in unserem Inneren wortwörtlich »vor-stellen«. Das heißt, wir erzeugen ein orange

meliertes Energiefeld vor unserem Körper, das für unsere Wut steht. Unsere Wut steht jetzt vor uns, als ein reales Gegenüber. Diese Wut strahlen wir jetzt mit unserer Liebe an – so lange, bis sich die Wut nicht länger gegen die Liebe wehrt. Danach strahlen wir unsere Liebe wütend an. Die Liebe wird durch die Wut häufig kleiner, bekommt Risse oder scheint sich gegen die Wut zu wehren. Aber das ist Unsinn. Es sind die eigenen Glaubensstrukturen, die sich hier offenbaren. Die Liebe liebt alles, auch die Wut. Diesen natürlichen Zustand stellen wir wieder her.

Zuweilen kommt es dabei zu einem fühl- und hörbaren »Plop«, wenn sich die beiden Gefühle wieder trennen. Die Farben der Gefühle sind jetzt wieder sauber im Energiekörper getrennt. Wut ist wieder Wut und Liebe wieder Liebe. Zudem vertragen sich die konträren Gefühle in Zukunft besser, sofern wir sie untereinander versöhnen.

Klassische Gefühlsvermischungen sind: Trauer und Freude, Wut und Liebe, Angst und Geborgenheit.

Übung

Die Wut herausstrahlen

Wie bei der Kristallzucht reicht ein kleiner Kristallisationskeim, damit sich ganze Blöcke von Wut anstauen können. Dieser Urkeim der Wut ist häufig in der Kindheit zu finden und richtet sich gegen die Eltern und sich selbst. Wir waren wütend auf die Personen, die uns versorgten, und womöglich enttäuscht von uns selbst, weil wir ihrer Liebe nicht würdig waren, und diese Wut und Enttäuschung wurde nie herausgelassen. Das gilt es nachzuholen.

An dieser Stelle ist es mir wichtig, noch einmal zu betonen, dass es keine negative Energie gibt. Es gibt nur gute Lebensenergie, die durch die Wertung positive oder negative Körperempfindungen erzeugt. Strahlen wir eine Person mit Wut an – ohne dass sie das weiß –, spürt sie höchstens eine angenehme Wärme. Wir stärken ihr Immunsystem, schenken ihr Lebensenergie, anstatt ihr etwas zu rauben.[3]

Gefühle sind zum Verschwenden da. Je mehr Lebensenergie wir herauslassen, desto mehr Energie haben wir und teilen wir. Bitte keine Hemmungen!

Visualisiere jetzt deine Mutter und leuchte sie in deiner Vorstellung mit all der Wut, die noch in dir ist, an. Wie einen Scheinwerfer kannst du die Wut und Enttäuschung auf sie richten. Es passiert ihr nichts. Druck, den du im Unterleib empfindest, verweist auf Blockaden dieser alten Wut, die jetzt in Schwingung gerät und endlich herauswill. Gestatte, dass diese Kohlestücke deiner Wut zu glühen und zu leuchten beginnen.

Ein leichtes Brennen im Herzchakra zu verspüren, bedeutet, Kontakt zur Enttäuschung zu haben, die ebenfalls herausleuchten will. Erlau-

be es ihr. Enttäuschung ist eine Energie, die zwischen Wut und Trauer schwingt und durch das Herzchakra herausgelassen werden möchte. Statt mit Liebe leuchten wir eine Person dann mit Enttäuschung an. Strahle deine Mutter so lange mit der Wut an, bis du das Gefühl hast, es ist gut.
Jetzt erlaube dem noch verbliebenen Druckgefühl, auch dich anstrahlen zu dürfen. Wut auf sich selbst, weil man wütend ist auf die Eltern, ist ein verbreitetes Gefühl. Als Kind waren wir wütend auf die Eltern und auf uns selbst, weil wir so wütend waren. Es ist an der Zeit, diese Energie herauszulassen. Erlaube deiner Wut, auch dich – angenehm warm und nährend – anzustrahlen. Meist richtet sich die Wut dabei aus dem Unterleib hoch zum Kopf. Leuchte dich selbst so lange mit dieser warmen Energie an, bis du wieder das Gefühl hast, es ist gut.

Wiederhole diesen Prozess jetzt mit deinem Vater, aber auch mit anderen Personen, von denen du weißt, dass noch alte Wut zwischen euch steht. Wichtig ist dabei, immer wieder sich selbst mit der Wut anzuleuchten. Die Selbstbestrafung, die darin steckt, wird so in freie Energie verwandelt, die uns stärkend zur Verfügung steht.

Auf der mentalen Ebene lässt sich dieser Reinigungsprozess unterstützen, indem man der Wut und Enttäuschung erlaubt, ihr Ziel erreichen zu dürfen. »Du darfst dein Ziel erreichen« ist ein Satz, der es, mehrfach wiederholt und leise ins sich hinein gesprochen, der Energie gestattet, auf alles zu strahlen, auf das sie sich einstmals richten wollte. Wir können schließlich auch auf unser Auto, den Kinderwagen, einen unbekannten Bauarbeiter oder Polizisten wütend gewesen sein. Mit unserem Wachbewusstsein erinnern wir uns nicht mehr, unsere Energie aber tut das sehr wohl.

Schuldgefühle, Selbsthass und Leistungsdruck

Fallbeispiel
Das beißende Gewissen

Gabi kam zu mir aufgrund unerträglicher Schmerzen im Rücken. Sie war seit über 20 Jahren Schmerzpatientin und galt als austherapiert. Neben Morphium war sie auch auf diverse Antidepressiva eingestellt, da die Schmerzen ihr die Lebensfreude nahmen. Ein Blick auf ihren Rücken sagte mir, woher die Schmerzen rührten, gleichwohl ich selbst erstaunt darüber war, was ein mir gut bekanntes Phänomen offenbar anrichten konnte. Gabi litt an Schuldgefühlen, die offensichtlich extreme Ausmaße angenommen hatten.

Mit dieser Diagnose konnte Gabi zunächst nichts anfangen. Sie konnte sich weder daran erinnern, etwas falsch gemacht zu haben, noch entsann sie sich realer Gründe für eine so starke Schuld. Dennoch gab sie mir recht, dass diese Stiche im Rücken den sprichwörtlichen »Gewissensbissen« ähnlich waren.

Wir fühlten gemeinsam in dieses starke Stechen hinein. Ich sah eine gelbe Energie, die vom Hinterkopf abwärts in hellen Tentakeln auf den Rücken einwirkte. Diese Energie erzeugte die Schmerzen. Gabi bestrafte sich offensichtlich für etwas. Im Kontakt mit dieser Energie lud ich Gabi ein, sich selbst zu fragen, warum und wofür sie diese Strafe verdient habe. Es entspann sich ein Dialog, der exemplarisch für das Aufdecken und Auflösen einer unbewussten Selbstbestrafung ist. Deshalb möchte ich ihn an dieser Stelle sinngemäß wiedergeben.

Frage: *Warum tust du dir weh?*
Antwort: Ich habe es verdient.

Warum hast du diese Schmerzen verdient?
Ich habe etwas falsch gemacht.

Was genau hast du falsch gemacht?
Ich bin nicht richtig, nicht gut genug, ich hätte das anders machen sollen.

Was genau hättest du anders machen können?
Meine Mutter ... Sie hat mich sehr wütend gemacht. Aber so sollte ich nicht fühlen, ich bin schlecht.

Warum bist du schlecht?
Weil ich so wahnsinnig wütend auf meine Mutter bin (Schluchzen). So unglaublich wütend ... Ich weiß gar nicht, wohin mit meiner Wut ... Sie ist zu viel ... (Schluchzen).

Kannst du dir erlauben, deine Mutter mit dieser Wut anzustrahlen?
Ja, das kann ich.
(Sie leuchtet die Energie einige Minuten heraus.)

Auf wen bist du noch wütend?
Auf mich selbst.

Kannst du dir auch erlauben, auf dich selbst wütend zu sein?
Ja, ich versuche es.
(Spannungskopfschmerzen kommen und gehen in Wellen, während sie die Energie herausleuchtet.)

Was hat dich so wütend auf deine Mutter gemacht?
Das darf ich nicht sagen.

Warum darfst du das nicht sagen?
Das muss geheim bleiben, das darf nie jemand erfahren. Niemals.
(Sie schüttelt heftig den Kopf.)

Was darf niemals jemand erfahren?
Dass meine Mutter mich nicht wirklich liebt. Sie kann es nicht, sie kann es einfach nicht. Sie wird es nie können ...

Hast du darum die Strafe verdient?
Sie liebt mich nicht, also darf ich mich nicht lieben. Das macht mich so traurig ... Das darf niemals jemand erfahren.

Kannst du spüren, wo in deinem Körper die fehlende Liebe deiner Mutter sitzt?
Ja, es brennt. Es brennt in meinem Hinterkopf und zwischen den Schulterblättern.

Kannst du dir erlauben, dass diese Stellen in deinem Körper alles bekommen, was sie brauchen, damit sie sich wohlfühlen?
Nein, das kann ich nicht. Das ist verboten.

Warum kannst du das nicht erlauben?
Das ist verboten. Ich darf mir das nicht gönnen. Das habe ich nicht verdient.

Warum hast du das nicht verdient?
Damit mache ich mich schuldig. Dann würde jeder sehen, dass meine Mutter mich nicht liebt. Ich würde sie verraten.

Kannst du fühlen, dass sich deine Mutter selbst ungeliebt fühlt?
Ja, das sehe ich ganz deutlich. Darum kann sie mich nicht lieben.

Kannst du deiner Mutter gönnen, dass sie all die Liebe bekommt, die sie braucht, um dich zu lieben?
Oh ja. Oh, ja, das kann ich ... Das fühlt sich wundervoll an ...

Das Auflösen von Gabis Rückenschmerzen benötigte zwei Sitzungen. Sie ist bis zum heutigen Tag schmerzfrei.
 Um diesen Prozess einzuleiten, war nichts weiter nötig, als die extremen Selbstheilungskräfte des Energiekörpers zu entfesseln. Unser Energiesystem ist in einem permanenten Selbstheilungsprozess. Blockaden und emotionale Dissonanzen machen durch einen fühlbaren Druck in unserem Körper auf sich aufmerksam. Diesen Druck empfindet unser Ego wie unser Verstand oft als

Stress, dem sie sich widersetzen. Moral- und Wertvorstellungen des Gewissens spielen hierbei eine entscheidende Rolle. Aus diesem Grund ist die Selbstheilung im Schlaf erhöht, da Ego und Verstand als bremsende Kraft reduziert sind. Um die Selbstheilung zu verstärken, müssen also das Gewissen, das Ego und der Verstand umgangen werden (siehe Grafik »Wach- und Schlafbewusstsein«, S. 90).

Das Austauschen der lieblosen Eltern gegen liebevolle ist energetisch unser wichtigster Prozess. Er ist zugleich mit großen Schuldgefühlen behaftet, wie wir am Beispiel von Gabi sehen können. Die verinnerlichten Eltern auszuwechseln, wird mit einem Verrat gleichgesetzt, den der kindliche Teil in uns empfindet. Als Kinder sind wir extrem loyal. Unsere Treue reicht bis zum seelischen Tod, dem Ersticken eines Teils von uns. Hier gilt es, die Selbstbestrafung zu überwinden, um die nötigen Schritte in Richtung Heilung zu tun.

Wir alle haben ein Anrecht auf Liebe. Wir alle verdienen bedingungslose Liebe. Sie ist unser Erbrecht, unsere Bestimmung. Die Liebe ist nichts, was wir uns verdienen müssen, sondern etwas, das wir sind. Sie ist unser Fleisch und unser Blut. Die Liebe ist nicht das Ende, sondern der Anfang aller Dinge. Auf sie wollen wir bauen, ihr wollen wir vertrauen, und zu ihr wollen wir wieder zurückkehren.

Du hast bedingungslos liebende Eltern verdient. Niemand hat je solche Eltern gehabt, und doch existieren sie, sobald du ihre Liebe fühlst. Es ist ein großer Schmerz, wenn Menschen dahinterkommen, dass sie nie geliebt wurden, wie sie sind, und dass sie dadurch auch nicht so tief lieben, wie sie in Wahrheit lieben könnten. Öffnet sich dieses Himmelreich, dann ziehen Sonnen und Sterne durch die Seele. Diese Liebe ist ein Zustand, der uns als Person weit übersteigt.

Das Gewissen sitzt energetisch etwas oberhalb des Hinterkopfes – eine Instanz, die wir in der Kindheit ausbilden und ein Leben lang behalten. Uns selbst um die bedingungslose Liebe zu betrügen ist unser schlimmster Betrug. Es ist ein ewiger Verlust, der sich nie ersetzen lässt. Nur die Liebe kann die Liebe heilen. Und über diese Heilkraft der Liebe lächelt man nur so lange, bis sie einen selbst berührt hat. Sie ist nicht zu ersetzen, sie ist nicht zu vergleichen, und erst wenn du ihr ganz gehörst, gehörst du dir auch selbst. Dieser heiligen Liebe treu zu bleiben bedeutet, sich selbst treu zu sein.

Die Schlinge eines sadistischen Gewissens ist geknüpft, wenn unsere Eltern zu dieser ersehnten Form der Liebe gar nicht fähig sind. Dann dreht sich das Leben und schmerzhafte Körpergefühl eines Menschen um eine Liebe, die er niemals bekommen wird. Das ist tragisch, aber unvermeidbar. Umso wichtiger ist es, diesen Strick zu lösen.

Wir gehen nicht immer liebevoll miteinander um. Gemessen an der bedingungslosen Liebe hackt jeder auf jedem herum. Und so reift ein sadistisches Gewissen heran, das sich strafend gegen uns richtet, wenn wir aus seiner Sicht nicht richtig handeln oder nicht gut genug sind.

Dieses sadistische Gewissen entwickelt sich in einer bestimmten Reihenfolge:

- Schuldgefühle dahingehend, ungenügend für die Liebe der Eltern zu sein
- Selbsthass und -ablehnung aufgrund dieser Unzulänglichkeit
- Extremer Leistungsdruck, um der Liebe der Eltern doch noch würdig zu sein

Und genau in der umgekehrten Reihenfolge lösen wir dieses sadistische Gewissen wieder auf.

Übung

Das Gewissen erleichtern

Schuld ist ein Gefühl, das wir energetisch erzeugen, indem wir Ängste davor entwickeln, eine Energie zu lösen, die uns belastet. Wir gönnen es uns nicht, frei von Schuld zu sein. Rituale wie die Eucharistie nehmen uns die Last der Sünde von den Schultern. In der Meditation fehlt ein solches Ritual, wodurch viele Menschen im Westen trotz jahrzehntelanger Meditationspraxis unter der Last ihrer Schuld und Sünde leiden.
Die Bürde, die uns im Schulter- und Nackenbereich schmerzt, verweist eindringlich auf ein sadistisches Gewissen. Die Schuld, die wir dabei empfinden, geht häufig aus Mitgefühl hervor.
Als kleiner Junge beschämte mich die Armut der farbigen Kinder im Ausland. Mit welchem Recht verdiente ich es, gut genährt zu sein, während sie hungerten?

Um zu prüfen, ob wir wirklich schuldig sind, gibt es einen kleinen Trick: Wir geben alle Schuld einfach ab.
Wahre Schuld klebt energetisch an uns wie Kaugummi, sie kehrt zu uns zurück. Die irrtümlich aufgeladene Schuld sind wir hingegen los.
Dazu visualisiere deine Schuld oder Sünde wie einen dunklen Berg. Verteile diese Schuld jetzt im Geiste an deine Mitmenschen. Gib ihnen die Schuld, und zwar die ganze. Erst wenn dein Schuldenberg völlig abgetragen ist, kannst du in deinem Körper fühlen, wie schön es sein kann, frei von jeder Schuld zu sein. Für dieses Gefühl bin ich früher in die Kirche zum Beichten gegangen.

Um sich dauerhaft von einem quälenden Gewissen zu befreien, empfehle ich, in die schmerzhaften Nacken- und Schulterpartien hineinzufühlen. Folgende Sätze, zu dieser Last gesprochen, werden dir die Bürde von deinen Schultern nehmen:

»Ich darf mir wehtun.« Du tust dir ja bereits weh, aber indem du es dir gestattest, löst du die Trennung zwischen dir als Täter und dir als Opfer auf.

»Ich darf mich hassen.« Auch das tust du wahrscheinlich unbewusst, sonst würdest du dir selbst nicht so wehtun, oder? Auch hier gilt es, einer aggressiven Energie die Tür zu öffnen, gegen die sie rennt.

»Ich darf mich rächen.« Irgendjemand hat dir etwas angetan, wofür du dich selbst bestrafst anstatt diese Person. Daher rühren der Selbsthass und die Selbstbestrafung. Sich an dieser Person rächen zu dürfen – nicht wirklich zu rächen! –, ist der Schlüssel zur Freiheit deiner Gefühle.

»Alle dürfen mich lieben.« Wer träumt nicht davon, in einer Welt zu leben, in der jeder zärtlich aufgenommen, akzeptiert und um seiner selbst willen geliebt wird? Warum gönnen wir uns das nicht? Weil es der Realität nicht entspricht? Es entspricht sehr wohl der gefühlten Realität, sobald wir es uns lange genug gönnen. Also gönne dir, dass jeder Mensch, dem du jemals begegnet bist und auch begegnen wirst, dich liebt, so wie du bist. Gönne dir bedingungslos liebende Eltern, Geschwister und Freunde, die für dich durchs Feuer gehen würden. Du hast es verdient, wie jedes einzelne Atom in diesem Universum!

Wiederhole diese Sätze so lange in deinem Kopf, bis du eine Entspannung verspürst. Mach dir klar: Bestrafen und ablehnen tust du dich ohnehin – egal, ob du dir das eingestehen willst oder nicht. Doch mit diesen Sätzen schlüpfst du aus der Opferrolle und fühlst den Täter in dir. Deine bestrafende und deine bestrafte Energie können miteinander verschmelzen. Die Energie pendelt zurück ins Gleichgewicht. Die Trennung in dir, welche die Ursache deiner Beschwerden ist, löst sich auf.

Abbildungen

Jedes Chakra enthält als kleine, gläserne Kugel einen notwendigen Ausdruck seiner Energie. Verdunkelt sich diese Kugel, verliert ihre Form oder wird verdrängt, können massive Probleme entstehen.

1. Das Kronenchakra mit uns als Individuum als Facette des Göttlichen darin.
2. Das Kopfchakra mit unserem Ego als gläserne Kugel in der Stirn.
3. Das Halschakra mit unserer kugelförmigen Ausdrucksfähigkeit.
4. Das Herzchakra mit der Trauer-Kugel als Zentrum unseres Mitgefühls im unteren Drittel.
5. Das Bauchchakra mit der Urangst, unserem Instinkt im oberen Drittel.
6. Das Vitalchakra mit dem Herzstück unserer Fortpflanzungsfähigkeit.
7. Das Wurzelchara und die aufgerollte Kundalini-Kraft darin.

A Jede Vorstellung, die wir lange genug halten, kristallisiert sich im Energiesystem aus.
B Die Energie dampft aus dem Körper heraus und bildet die Schichten in der Aura.
C Energieschwächen und Energiestärken projizieren sich weit in den Raum hinaus.

Unausgesprochene Aufträge

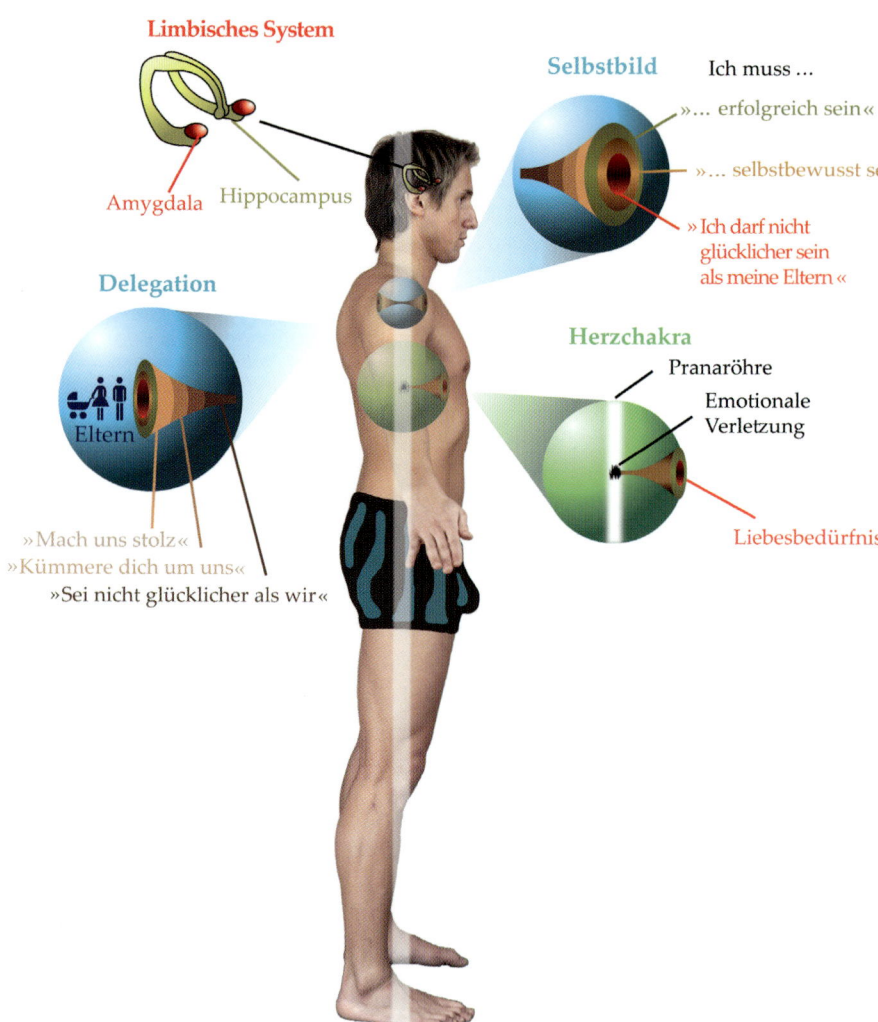

Der Wunsch der Eltern, ihre eigenen Bedürfnisse über die Kinder zu stillen, raubt dem Kind die Chance, so geliebt zu werden, wie es ist. Stattdessen wird es für das geliebt, was es kann.

Emotionalkörper

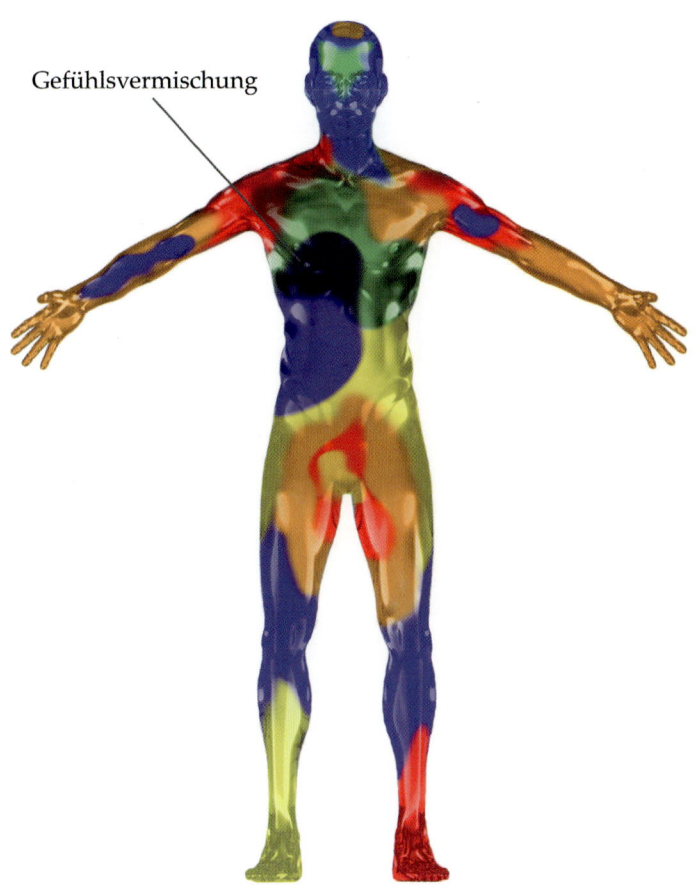

Auf dieser Ebene schwimmen unsere Gefühle in unserem Körper wie Öl auf Wasser. Sie bilden farbige Pfützen, Lachen und bunte Rinnsale. Verschmelzen zwei gegensätzliche Gefühle miteinander wie zum Beispiel Liebe und Wut, entsteht ein sehr unangenehmes Körperempfinden der inneren Zerrissenheit. Die beiden widersprüchlichen Gefühle wollen sich voneinander trennen. Dieses Ziehen und Zerren ist für die Betroffenen extrem unangenehm.

Wege der Energie im Bewusstsein

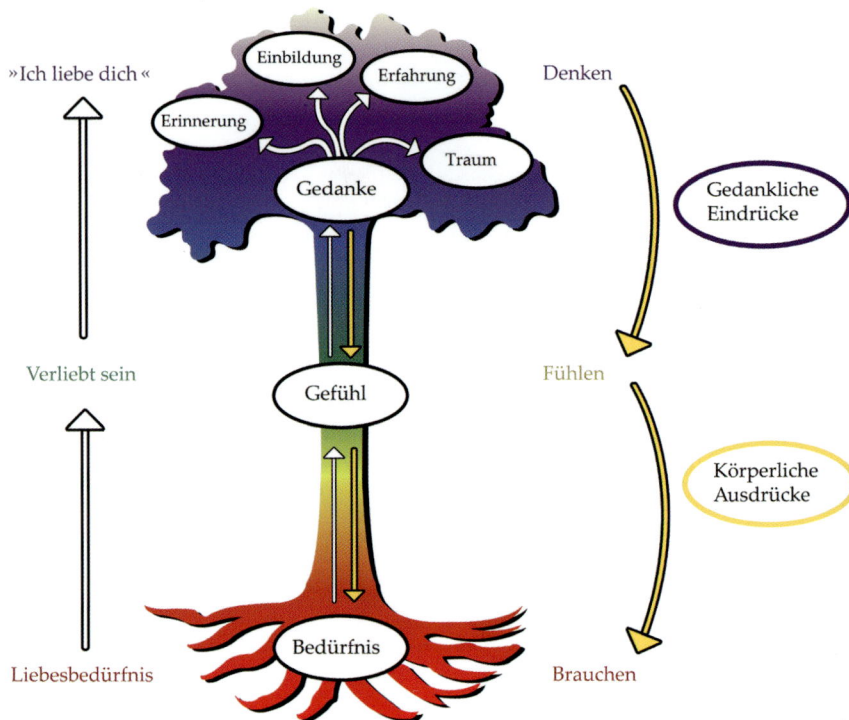

Positive Gedanken verweisen auf positive Gefühle, die von gestillten Bedürfnissen zeugen. Negative Gedanken verweisen auf negative Gefühle, die aus ungestillten Bedürfnissen entstehen. Wer in seinen Körper hineinfühlt, kann seine ungestillten Bedürfnisse finden. Sie gleichen einem emotionalen Hunger, einem Vakuum im Körper, das uns belastet.

Abgespaltene Anteile

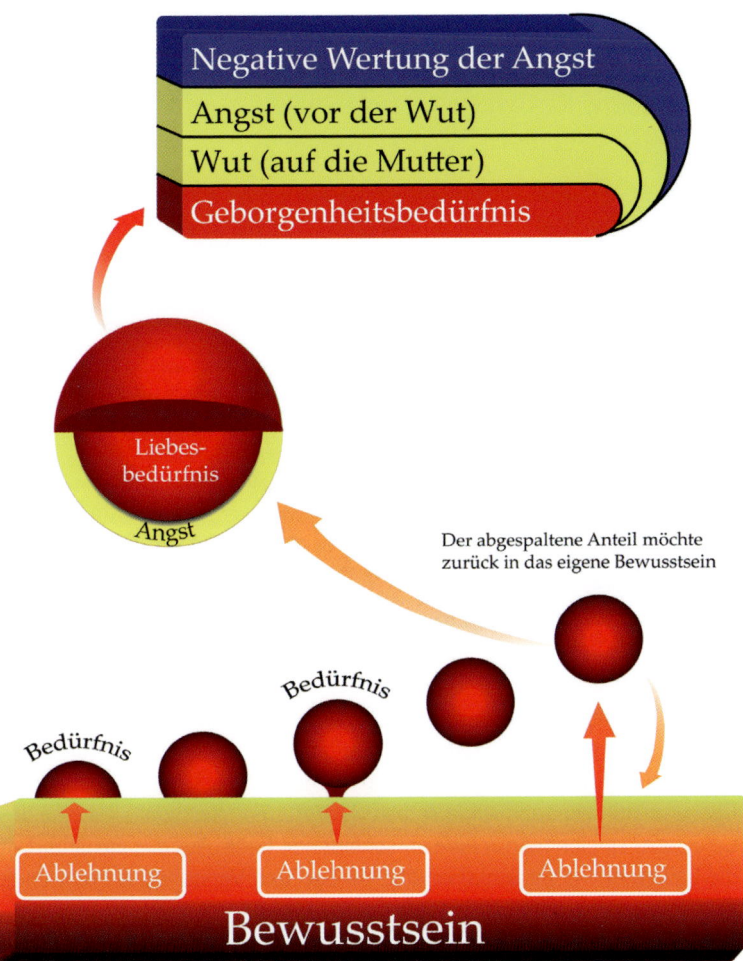

Wollen wir ein Bedürfnis nicht fühlen, spalten wir es ab. In diesem Zustand können weitere Gefühle um das abgespaltene Bedürfnis gelegt werden. Wie eine Zwiebel schichtet sich so ein Gefühl um das nächste. Ein abgespaltener Anteil ist entstanden, der aufgrund der multiplen Energien wie ein kleines Lebewesen agiert.

Wach- und Schlafbewusstsein

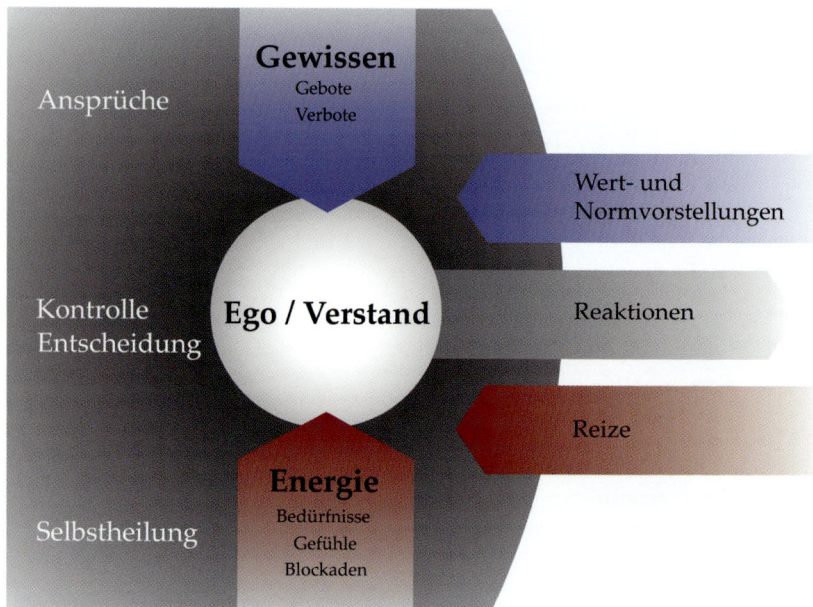

Unser Energiekörper ist in einem ständigen Selbstheilungsprozess. Blockaden und emotionale Dissonanzen machen durch einen fühlbaren Druck im Körper auf sich aufmerksam. Diesem Druck können sich unser Ego und der Verstand widersetzen. Moral- und Wertvorstellungen des Gewissens spielen hierfür eine entscheidende Rolle. Aus diesem Grund ist die Selbstheilung im Schlaf erhöht, da Ego und Verstand als bremsende Kraft reduziert sind.

Weniger Wertung – mehr Energie

Wenig Ego, viel Energie – so lautet eine alte Weisheit. Wer seine Energie für Wertungen und Gedanken verwendet, dem fehlt sie für das Fühlen und Lenken seiner Energie.

Relativität der Wahrheit

Die Übersteigerung einer Wahrheit pustet sie gleichsam auf und macht den ihr innewohnenden Irrtum sichtbar. Jede Wahrheit ist demnach relativ und enthält ihre eigene Unwahrheit. Jedes Urteil, das wir fällen, sollte lieber weich sein, im Gedenken an seine Unwahrheit, die untrennbar in ihm steckt. So lernen wir ein wertungsfreies Denken.

Elterntypen und Erziehung

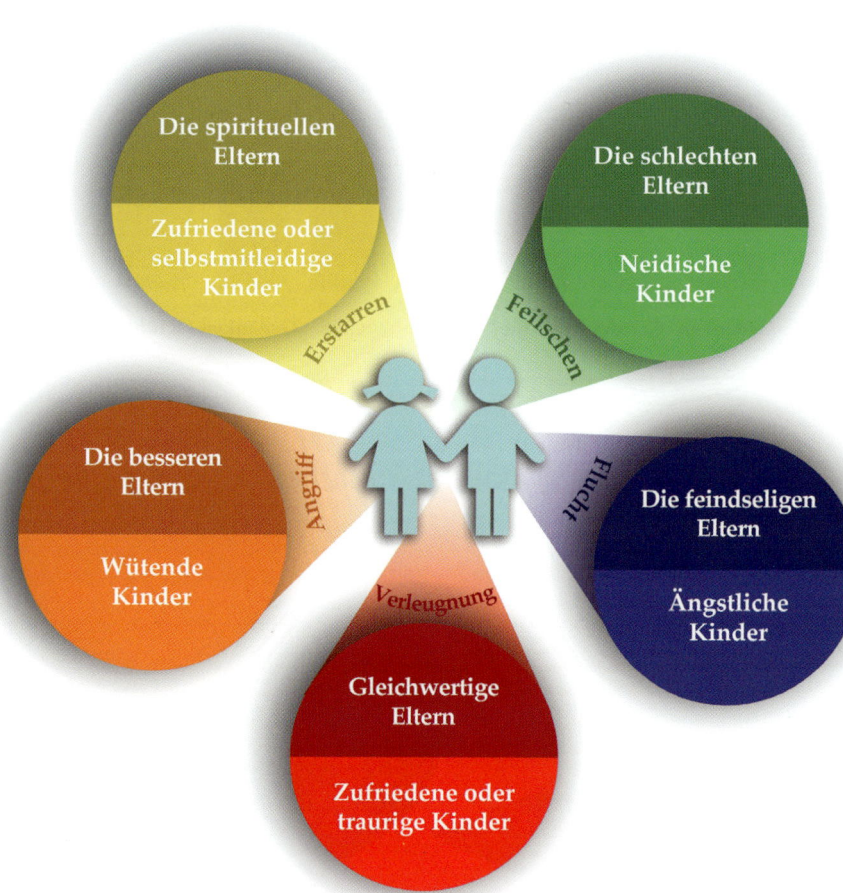

Persönlichkeitstypen und Partnerwahl

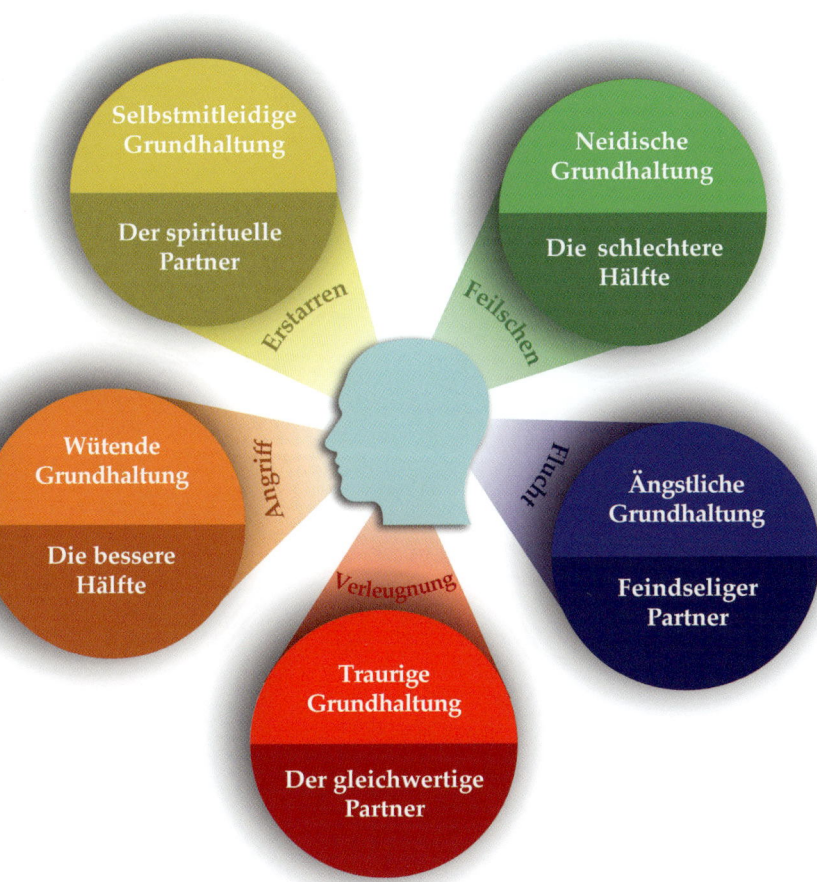

Glücklich sein

⟡ Das Leben in Balance ⟡

»*Der Sinn des Lebens besteht darin,
glücklich zu sein.*«

Dalai Lama

Fallbeispiel
First Love is the Deepest

Martin überrollte regelmäßig eine Flutwelle negativer Gedanken. Dem Leben fühlte er sich in einer ihn selbst abstoßenden Hassliebe verbunden. Kalt und heiß überschütteten ihn seine Gefühle mit Freude und kurz darauf mit Abscheu, mit süßer Trauer und geliebtem Hass. Martin litt unter dem Weltekel schöner Männer, die alles, was sie betrachten, als weniger interessant erachten als sich selbst. Obwohl verheiratet, tat er Dinge, für die er sich zutiefst schämte und die Nahrung für seinen Selbstekel waren.

Während er zu mir sprach, wandelte sich sein Gesicht wie das Wetter vor der Küste. Das markante Kliff seiner Wangen schwamm auseinander, die Stirn warf sich in hohe Falten, sein Blick blitzte auf, um trüb und leer zurückzusinken. »Ich habe ein Loch in mir, in dem ich so viele Gefühle begraben habe, dass es begonnen hat, mich zu verschlingen. Ich fühle mich von meiner eigenen Negativität vergiftet, weiß aber nicht, was ich dagegen tun soll.«

Als ich mir seinen Energiekörper genauer ansah, fiel mir eine Stelle im Herzchakra auf, die stark verdunkelt war. Als ich hineinblickte, sah ich ein junges Mädchen, blond und hübsch, das weder seine Schwester noch seine Ehefrau war. Die Gefühle zu ihr waren von extremer Wut und Enttäuschung geprägt. Er liebte und hasste dieses Mädchen, offenbar weil sie seine Liebe nicht erwidert hatte. Es war seine erste große Liebe. Martin war jung gewesen und hatte sein Herz zum ersten Mal verschenkt. Sie wollte es nicht, und so stand er mit seinem gebrochenen Herzen da und begrub seinen Schmerz, so tief er nur konnte, in seiner schwer gekränkten Seele.

Als ich ihm das sagte, stieß ich auf großen Widerstand. Zwar konnte er sich daran erinnern, dass seine ersten Versuche, eine Frau für sich zu erobern, gescheitert waren. Aber dass dieses blonde Mädchen, dessen Namen er momentan nicht einmal wachrufen konnte, für seine Probleme verantwortlich sei, wollte er nicht glauben. Wir gingen auseinander, sahen uns jedoch ein paar Tage später wieder.

Es saß ein vollständig verwandelter Mensch vor mir. Offensichtlich hatte Martin tief in sich hineingesehen und die Wahrheit in seinem Herzen entdeckt. Er war hier, um mir davon zu berichten.

»Ihr Name war Luise. Sie war blond mit leicht gewelltem Haar und einem wunderschönen Schwanenhals, den ich sofort küssen wollte, als ich ihn sah. Ich habe mich augenblicklich in sie verliebt, etwas, von dem ich später behauptete, das gäbe es gar nicht. Wir waren zwei Tage lang unzertrennlich, saßen am See, haben mit den Gräsern, Steinen und langsam auch dem Körper des anderen gespielt. Sie schenkte mir ihre Lippen zum Kuss, entzog sie mir wieder, und ich schmolz unter diesen lockenden Berührungen dahin. In dieser Sekunde habe ich ihr ein Stück meiner Seele geschenkt – und sie hat es weggeworfen, als sei es Dreck. Wir wollten ›weiter‹ gehen an diesem Abend. Wir saßen am See, die Beine im Wasser, und vor uns ging die Sonne unter, als stünden die Wolken in Flammen. Es war perfekt. Aber bevor es ›dazu‹ kam, wollte sie halb scherzend wissen, ob ich das schon einmal getan hätte. Und aus der Offenheit meines Herzens heraus sagte ich: ›Nein.‹ Sie hielt in der Bewegung inne, und ich gestand ihr, ich hätte noch nie mit einem Mädchen geschlafen. Sie lächelte, als sie das hörte, umarmte mich wie einen Bruder, dankte mir für dieses Geständnis und richtete sich langsam auf. Sie ging und war bereits am übernächsten Tag mit einem anderen Jungen zusammen, einem Jungen, der einen Kopf kleiner war als ich, aber im Ruf stand, mit vielen Mädchen geschlafen zu haben.« Martin sprach mit immer leiser werdender Stimme, bis er beim letzten Wort ganz verstummte und sich seine Lippen lautlos zitternd bewegten: »Sie wollte keinen unerfahrenen Liebhaber.«

Er schüttelte den Kopf, begrub das Gesicht in den Händen, hob es wieder hoch und fuhr, auf seine Hände wie auf einen Grabstein starrend, mit müder Stimme fort: »Natürlich hätte ich um sie kämpfen können. Aber so von ihren Gelüsten betrogen worden zu sein, ließ mich mit einem bitteren Geschmack von allen Gefühlen Abstand nehmen. Es wäre ein Leichtes gewesen, sie für mich zu gewinnen, wenn sie mir nichts bedeutet hätte! Hätte ich an diesem Abend am See gelogen, hätte ich sie in meinen Armen halten können! Aber meine ehrliche, offene, uneingeschränkte Liebe forderte die Ehrlichkeit, Offenheit und Gegenseitigkeit dieses Gefühls.« Er schwieg, während er seine Hände öffnete und schloss, als könnte er diese Chance noch immer ergreifen. »Ich habe das alles völlig vergessen. Die Gedichte, die ich als Junge geschrieben habe. Die zärtlichen Gefühle beim Anblick einer Blume – oder eines schönen Mädchens … Es ist mir als Erwachsener unbegreiflich, wie diese Luise eine so große Wirkung haben konnte. Aber als sie meine heiligen Gefühle nicht erwiderte, habe ich die Heiligkeit meiner Gefühle nicht länger anerkannt …, als wäre ich Atheist geworden. Seit diesem Tag ging es in Bezug auf Frauen nur noch um Sex. Weil meine innersten und zärtlichsten Gefühle behandelt wurden, als seien sie wertlos, habe ich sie danach selbst als etwas Wertloses behandelt. Meine Gefühle haben ihre Bedeutung verloren.«

Martin hatte nie gelernt, wie wundervoll es ist, sich zu verschenken, alles herzugeben, was man ist, um sich in der Liebe zu einem anderen Wesen zu verströmen wie ein Duft, wie das Licht der Sonne. So verstieß er sich selbst und verdammte sich zu einer

Einsamkeit, die ihn langsam zu vergiften drohte. Er hatte sich nie der Liebe hingegeben.

Zum Glück ist es dafür nie zu spät. Als wir gemeinsam diesen Knoten in seiner Brust lösten, fand er wieder zu sich selbst, seinen Kindern und seiner Ehefrau zurück.

Überlege gut, ob deine erste Liebe erwidert wurde oder nicht. Dies ist oft der Dorn unerfüllter Liebe, der noch heute im Herzen sticht.

Die Liebe

Die Liebe ist das einzige Gut der Erde, dessen Wert zunimmt, je mehr wir davon besitzen. Sie ist die Kraft, um Leben zu erschaffen und Welten zu bevölkern. Der zarte Hauch der Liebe erweckt Dinge zum Leben. Er ist der Atem des Universums, die Luft, die jede Seele zum Leben braucht.

Wahre Liebe blickt sanft in die dunkelsten Stellen der Seele. In der Liebe löst sich der Widerspruch aus Einssein und Zweisein auf. So lieben wir die Schwächen des anderen ebenso wie seine Stärken. Sich um diese große Liebe zu betrügen, ist ein Verlust, den wir nie ersetzen können. In keinem Leben geht es darum, große Dinge zu tun, sondern darum, selbst die kleinsten Dinge mit großer Liebe zu tun.

Um aufrichtig lieben zu können, müssen wir in der Liebe sein. Wer geliebt werden will, muss lieben. Aber nur wer sich geliebt fühlt, kann auch lieben. Das ist die menschliche Misere. Je lebloser ein Mensch behandelt wurde, desto tiefer sitzt der Mangel, der wiederum dazu führt, dass er weiterhin lieblos behandelt wird, zunächst von sich selbst, danach von anderen. *Es ist das unausgesprochene Gesetz der Resonanz: Die Welt spiegelt unser Licht und unseren Schatten.*

Die Frage »Warum passiert das immer mir?« ist also durchaus berechtigt. Nur die Antwort fällt überraschend aus: »Weil du es so willst!«

Wenn du glaubst, das Leben sei ein Kampf, wirst du immer etwas finden, wogegen du kämpfen musst. Wenn du fühlst, dass alle Menschen ein Feld der Liebe verbindet, wirst du immer Teil dieses Feldes sein, Teil der Liebe. Geliebt werden und diese Liebe zu geben, sind hier eins. Es kostet nichts, es schwankt nicht, es kann nicht zerstört werden.

Das Feld der Liebe erstreckt sich aus den Herzen aller Wesen, die jemals lebten, derzeit leben und leben werden. Es verbindet uns miteinander, auch dich und mich. Und wenn du jetzt auf dieses Feld vertraust und dein Herz damit verbindest, kann seine Energie auch in deinem Körper wirken. Liebe und Liebe finden wieder zusammen wie zwei Geschwister, die sich umarmen, als würdest du dich selbst zum ersten Mal im Spiegel erkennen.

Neben der biografisch gefärbten Liebe existiert diese unbedingte Liebe aus dem Innersten des Herzchakras, die göttliche Liebe, die uns alle verbindet und kennt. Die »Angst vor der Liebe« ist eine entscheidende Grenze, die jeder, der eine ernsthafte Beziehung anstrebt, überwinden muss. Wir alle haben Erfahrungen gesammelt, durch die wir emotional verletzt, benutzt und gekränkt wurden. Uns vor diesen Verletzungen zu schützen, ist die Aufgabe der Angst. Sie ist als energetisches Stoppschild zu verstehen, das uns zum Anhalten und Nachdenken dahingehend bringen soll, ob wir das, was folgt, wirklich sehen und erleben wollen. Wer sein Herz für eine andere Person öffnet, macht sich verletzbar. Er legt sein Innerstes frei und kann gekränkt werden. Diese Verletzbarkeit unserer Gefühle nimmt häufig mit den erfahrenen Kränkungen zu. Umgekehrt nimmt sie mit Erfahrungen der Wertschätzung und Fürsorge ab.

Darum hilft die Meditation, einen Zustand zu erreichen, in dem wir offenen Herzens unverwundbar sind. Unsere tiefste Liebe ist unzerstörbar. Sie ist nicht länger an biografische Ereignisse geknüpft, wodurch es auch zu keiner Übertragung alter Liebeserfahrungen auf die neuen Liebesbeziehungen kommt. Dies ist die bedingungslose Liebe, zu der wir alle fähig sind, sobald wir uns von den alten Mustern lösen und die Angst vor der Liebe verlieren.

Lieben ist einfach – ertragen, geliebt zu werden, ist dagegen schwer. Wir alle wollen so geliebt werden, wie wir sind. Aber die Angst, unsere persönlichen Mängel würden ertappt und wir verstoßen, ist groß. Viele von uns haben zu oft und zu lange die Erfahrung bedingter Liebe gemacht, einer Liebe, die an Bedingungen geknüpft ist, an Erwartungen, Leistungen und Erfolg. Diese Muster stammen aus der Kindheit und Jugend und sind unserem Energiesystem entsprechend tief eingeprägt. Wir erhalten sie aufrecht, um uns vor dem Verlust der Identität zu schützen. Wir unterdrücken unsere Liebe, bekämpfen unsere Freude und stutzen unseren natürlichen Selbstwert zurück, um in die Muster der Kindheit zu passen. Wir wollen Menschen bleiben, normal und angepasst. Und wir zögern in der Verantwortung uns selbst gegenüber. Wir verharren lieber in Schmach und Gram, als uns selbst bessere Eltern zu sein. Wir wollen Kinder bleiben, abhängig und zurückgewiesen, weil wir nur diese Form der Liebe kennen. Doch die Liebe ist in Wahrheit der Urgrund aller Dinge, nicht ihre Krönung. Die Liebe ist überall, um uns herum, in uns. Sie ist unerschütterlich, wir atmen sie, wir bestehen aus ihr. Die Liebe ist weich, erfüllend und dadurch für uns als Menschen unerträglich.

Als Menschen zeigen wir Angst vor jedem großen Gefühl, jeder tiefen Empfindung. Den sieben Hauptchakras können wir also nicht nur sieben Grundbedürfnisse zuordnen, sondern auch gleich sieben Ängste vor diesen erschütternden Gefühlen. Wir können Angst vor Einsicht und Klarheit haben, Angst vor der Ruhe, Angst vor überschäumender Lebenslust und Angst vor der immensen Tiefe der Liebe. *Der Mensch sucht unermüdlich, weil er Angst hat, sich zu finden.*

Ich wünsche jedem von ganzem Herzen das Ende dieser Suche. Nicht seiner Suche, denn es ist die Suche aller; ich meine die Suche nach Ganzheit, der Einheit, dem vollendeten Glück im Hier und Jetzt. Diese natürliche, ja kosmische Freude entsteht, wenn wir als Bewusstsein unsere wahre Natur erkennen. Wenn wir entdecken, dass wir kein Ding sind, sondern unzerstörbar wie der Raum. Dann ist plötzlich eine Klarheit und Gegenwärtigkeit möglich, die zugleich schlicht, mühelos und ewig ist. Das Fundament dieser Klarheit und Freude ist das Bewusstsein selbst. Und was wäre einfacher, als man selbst zu sein?

Es ist der Wechsel von Quantität zu Qualität. Ein Leben lang mögen wir danach gestrebt haben, mehr zu sein und mehr zu besitzen: mehr Wissen, mehr Geld, mehr Macht. Und plötzlich geht es um die eigene Qualität: Was bin ich und wie nahe reiche ich an meine eigene Qualität heran?

Das Innere und das Äußere sind in Wahrheit identisch. Was um uns ist und was in uns ist, gleicht einander. Über die Außenwelt haben wir keine Kontrolle, über die Innenwelt schon. Das bedeutet, wir können mit dem Raum in uns über den Raum um uns Kontrolle ausüben.

Wer sich selbst (er)kennt, kann sich selbst kontrollieren; wer sich selbst kontrolliert, hat Kontrolle über sein Leben.

Nichts ist simpler, als zu *sein*. Es ist so simpel, so mühelos und ewig, dass es kaum auszuhalten ist! Es ist kaum zu ertragen, derart präsent zu sein, in jedem Augenblick ganz man selbst zu sein. Es ist zu viel. Und so nimmt uns das Spiel von Neuem gefangen, sobald der Zweifel, die Sorgen und Nöte wieder erscheinen. Sobald die Begierden auftauchen, die wir nicht in der Klarheit, dem Raum und der Gegenwärtigkeit unserer selbst auflösen möchten. Wir wollen noch etwas. Und wir bekommen immer unseren Willen, selbst wenn wir es nicht bemerken. So geht die Suche weiter.

Wir haben erkannt, dass die Natur des Bewusstseins Raum ist, Klarheit und Ewigkeit – und dass alle Wesen so sind wie wir; dass sie in Wahrheit glücklich sind, frei und voller Liebe! All das kostet uns nichts. Es musste weder hart erkämpft noch teuer erkauft werden. Wir müssen die Erleuchtung weder verteidigen noch erringen. Sie *ist* einfach. In Ewigkeit. Und das bringt uns an unsere Grenzen, an jene, die wir ein Leben lang gezogen haben: die Grenzen zwischen uns und dem Leben, uns und anderen Wesen, uns und den Zielen, die wir noch erreichen, erkämpfen und erkaufen wollen.

Ein Leben lang haben wir nach außen geschaut, jetzt können wir nach innen blicken, um uns selbst zu erkennen. Und was du

da siehst, ist unbeschreiblich. Es hat keine Größe, keine Farbe, keine Form, keinen Geschmack und kein Alter. Das ist so wundervoll, so bezaubernd, dass du gleich wieder wegschauen möchtest. Glaub mir oder glaub mir nicht, es spielt keine Rolle. Alles wird Lügen gestraft, was du ein Leben lang mühevoll aufgebaut hast. Wenn das wahr ist, was du bist, wenn du wirklich bist, dann ist das kaum auszuhalten. Dann geschieht etwas mit dir, dass du gleich wieder fliehen willst, sobald es geschieht. Doch wenn du es aushalten kannst, geschieht ein Wunder. Der Körper entspannt sich, der Geist lockert die Umklammerung seiner selbst. Er gleicht einer Schlange, die aufhört, sich selbst zu würgen. Dein Griff um dich selbst wird locker. Und plötzlich ist da diese Entspannung; sie strömt aus einer Kraft, die deine eigene ist. Diese Entspannung ist deine Wirklichkeit. Sie entsteht, sobald du aufhörst, dich selbst zu würgen und zu zerdrücken. Das ist so schön und so einfach: Es ist fast zu viel!

Also bremst du dich wieder, unterdrückst dich wieder ein bisschen, nur um es aushalten zu können. Denn in Wahrheit geht es nicht darum, wie lange, wie oft oder wie schnell du diesen Zustand findest. Es geht darum, dieser Zustand zu sein, und das kann dir niemand nehmen, nicht einmal du dir selbst.

Erfüllte Partnerschaft

Der richtige Partner oder die richtige Partnerin ist gefunden, wenn sich das Gefühl einstellt, diesen Menschen schon eine Ewigkeit zu kennen und zu lieben. In solchen Momenten spielt Zeit keine Rolle mehr, und obwohl man erst ein paar Wochen zusammen sein mag, erscheinen diese Wochen wie viele Jahre.

Um diese Vertrautheit fühlen zu können, muss man sie zuvor erfahren haben. Wir übertragen unsere Gefühle aus vergangenen Situationen auf die Gegenwart. Darum fällt es einem Menschen, der viel Liebe erfahren hat, sehr viel leichter, zu lieben, als einem

Menschen, dem dieses Gefühl lange vorenthalten wurde. Die neue Liebe ist mit den Erfahrungen der alten Liebe verbunden. Das verleiht ihr die enorme Tiefe.

Entsprechend diesen Mustern suchen sich viele Menschen Partner, die sie »nur« bedingt lieben. Die oft gehörte Klage, den falschen Partner zu haben, erscheint vor diesem Hintergrund in einem neuen Licht. *Für die bedingte Liebe ist der falsche Partner genau der richtige. Nur mit dem falschen Partner haben diese Menschen das Gefühl, geliebt zu werden.* Und nur die bedingte Liebe ist für sie erträglich. Mit dem falschen Partner können sie sich selbst beweisen, dass ihre Art zu lieben die richtige ist. Sie suchen sich den falschen Partner aus, damit sie an ihm seelisch wachsen und reifen können. So gesehen ist der falsche Partner der richtige für sie. Dieser Partner hilft ihnen, die von Angst, Wut und Trauer besetzten Liebesthemen in ihnen zu wecken und zu erlösen. Dieser Prozess ist konfliktreich, ja sogar schmerzvoll; aber er hilft, all diese Themen zu transformieren.

Die Erfahrung, liebenswert zu sein, ist unter diesen Umständen also nur mit einem Partner möglich, der uns nicht wahrhaftig liebt. Dieser scheinbare Widerspruch ist typisch für Menschen, die in ihrem Inneren der Überzeugung sind, nicht liebenswert zu sein. Wird so ein Mensch mit wahrer Liebe angestrahlt, fühlt er sich unwohl, fehl am Platz, ja sogar belogen. Er hat das Gefühl, dieser Liebe nicht würdig zu sein, sie scheint ihm nicht zu gelten. Bleibt das Licht der Liebe auf ihn gerichtet, weckt es alte Schmerzen, Wut, Angst und Trauer, die mit dem Verlust und der Kränkung dieser wahren Liebe entstanden. Bedingungslose Liebe kann tief gekränkte Menschen also wütend, traurig oder ängstlich machen.

Zum Selbstbild dieser Menschen passen nur Partner, die sie nicht lieben. Wahre Liebe stürzt sie in eine Krise, in der sie ihre bisherigen Liebeserfahrungen hinterfragen und aufarbeiten müssten. Sofern sie das nicht wollen oder zumindest nicht von außen dazu gezwungen werden möchten, bleibt ihnen nichts anderes übrig, als zu flüchten oder zu kämpfen.

Die falsche Liebe ist für solche Menschen die richtige, da die wahre Liebe ihnen unglaublich, also wie eine Lüge erscheint.

Diese Liebe zur Lieblosigkeit reicht zum Teil weit in das Reich der Selbstverletzung und Selbstzerstörung hinein. Ein feindseliger Partner hilft hier die Verletzungen aus der Kindheit neu zu inszenieren.

Eine Beziehung entsteht eben nicht nur durch gemeinsame Ziele, sondern auch durch die gleiche Geschwindigkeit, in der wir diese Ziele erreichen. Es genügt nicht, wohlige Gefühle füreinander zu hegen; es gilt auch, die persönliche Entwicklung des Partners zu pflegen. Hier ist oft ein Ungleichgewicht zu sehen, das sich sowohl materiell als auch emotional niederschlägt.

Zu oft dreht sich eine Beziehung um die Karriere des einen oder die emotionale Stabilisierung des anderen. Beide Formen der Bindung tragen ein Ungleichgewicht. *Es ist an der Zeit, in einer Beziehung wieder Verantwortung für das seelische Wachstum des Partners zu übernehmen.* Dabei darf es verschiedene Meinungen geben, aber nicht verschiedene Auffassungen, was seelisches Wachstum bedeutet. Eine Christin und ein Buddhist passen diesbezüglich nur bedingt zusammen. Die spirituelle Entwicklung des einen bremst die seelische Entwicklung des anderen aus.

Unsere Partnerwahl ist also an unseren jeweiligen Entwicklungsstand gebunden. Der Partner vermittelt uns ein authentisches Bild über unsere seelische Reife. Er ist ein Spiegel, in dem wir unsere ungeliebten, aber auch vermissten Anteile erkennen können. Hierbei unterscheide ich fünf verschiedene Partnertypen, die ich einem aufsteigenden Entwicklungsgrad entsprechend vorstellen möchte.

Der feindselige Partner

Eigenschaften des Partners spiegeln immer Eigenschaften von uns selbst, entweder geliebte oder ungeliebte. Werden Partner gewählt, die den Liebenden offensichtlich ins Unglück stürzen, haben wir es mit einer Form der Autoaggression zu tun. Die Wurzeln dieses Leids liegen meist in der Kindheit. Mit ihrem feindseligen Partner wiederholen die Liebenden die Erfahrungen des als feindselig erlebten Vaters oder der feindseligen Mutter. Die Beziehung zum Partner soll die Beziehung zum Elternteil versöhnen. Diese Form der Partnerschaft beginnt mit Rücksichtslosigkeit und endet bei blanker Gewalt.

Tipp: Eine solche Partnerschaft wählt nur ein Mensch, der tiefgreifende Traumata in der Kindheit erfuhr und bislang nicht in der Lage war, diese aufzuarbeiten. Jeder von uns ist es wert, geliebt zu werden. Statt dem für einen selbst oder für einen anderen schädlichen Impuls nachzugeben, sollte er wahrgenommen, hinterfragt und analysiert werden. Nicht alle Menschen sind dazu im gleiche Maße in der Lage. Je besser sie das vermögen, desto höher ist ihre seelische Reife und desto feiner ihre Selbstwahrnehmung.

Konzentriere deine Aufmerksamkeit auf das Brustbein und atme ruhig weiter. Schmerz, Druck und Trauer, Wut, Enttäuschung und Angst werden sich zeigen. Du musst nichts machen, außer diesen Reinigungsprozess deiner Seele auszuhalten – solange du kannst und sooft du Zeit und Lust dazu hast. Es lohnt sich!

Die schlechtere Hälfte

Jeder von uns besitzt Eigenschaften, die er nicht sonderlich schätzt, ja sogar ablehnt. Der Partner bietet für diese ungeliebten Seiten eine ausgezeichnete Projektionsfläche, sofern er diese Eigenschaften in größerem Maße zeigt als wir selbst. Dient der Partner als Stellvertreter für die eigenen Schatten, stehen wir selbst lichtvoller und reiner da als allein. Nicht wir müssen egoistisch, maßlos, cholerisch, hässlich oder erfolglos sein: Unser Partner erledigt das für uns! Zudem können wir lernen, diese ungeliebten Anteile langsam, zum Teil über Jahrzehnte hinweg, zu lieben.

Heiratet eine selbstlose Seele einen großen Egomanen, kann die Selbstlose ihre eigene, verleugnete Egomanie auf ihren Partner übertragen. Dieser lebt stellvertretend diese »negative Seite«

aus. Je nach Lust und Laune kann sie nun diese Egomanie ablehnen oder annehmen, ohne selbst davon betroffen zu sein. Verliebt sich der Sparsame in eine Vergnügungssüchtige, hat er auch die Chance, sich in seine eigene, ungestillte Vergnügungssucht zu verlieben. Und ist ein attraktiver Mann mit einer unscheinbaren Frau zusammen, empfindet sich womöglich ein Teil von ihm als unansehnlich.

Partner sind eine Leinwand für kreative Seelenprozesse – und das ist gut so! Am Ende jeder zweisamen Entwicklung finden wir von ihren Altlasten bereinigte Menschen, die der bedingungslosen Liebe ein Stück näher stehen.

Unbewusst bemerkt der Partner diese Projektion und handelt ihr entsprechend. Projiziert die Ehefrau des Cholerikers ihre eigene Wut, verdoppelt das seine Wutausbrüche. Der Choleriker muss jetzt für zwei Personen wütend sein. Ebenso der Egomane, die Kindliche, der Erfolglose, die Maßlose, der Besserwisser, die Hochmütige oder der Sadist ... Sie alle verdoppeln ihren Einsatz, strömt ihnen vonseiten des Partners die Energie und der Auftrag dafür zu.

Tipp: Die als dunkel empfundene Seite der Seele wird bewusst auf den Partner projiziert. Fortan kann sie nach Herzenslust verurteilt, aber auch geliebt werden, denn es sind ja Eigenschaften des Partners und nicht mehr die eigenen. Auf diese Weise lassen sich über Jahre hinweg diese Anteile der Seele über die Liebe zum Partner integrieren.

Hast du einen Partner, der deine negativen Eigenschaften lebt, dann frage dich: Warum? Welche der Eigenschaften, die dich an deinem Partner stören, gehören auch zu dir? Warum lehnst du diese Eigenschaften in dir ab? Was fehlt dir, um diese Schatten anzunehmen, was müsste geschehen? Wie verändert sich das Verhalten deines Partners, wenn du diese Eigenschaften in dir selbst annimmst und liebst?

Die bessere Hälfte

Dieses Beziehungsmodell ist der Klassiker. Jede Frau hat ihre Mutter zum Vorbild, und jeder Mann trägt seinen Vater in sich. So mischen sich bei zwei Menschen auch immer deren Eltern in die Beziehung ein.

Stillschweigend auferlegte Anweisungen der Eltern können so auf die Partnerwahl einwirken. Wir nennen diese Aufträge »Delegationen«. Darauf wird im Kapitel »Unausgesprochene Aufträge« näher eingegangen. Der typische Auftrag lautet: »Mach uns stolz!« Die Frage lautet jetzt: Wie? Durch harte Arbeit? Durch Erfolg? Durch viel Geld oder Bildung? Diese Aufträge spielen in die Partnerwahl hinein, denn der Partner muss zu diesem Auftrag passen.

Lautet der Auftrag, gebildet zu sein, kann sich eine Frau zu einem Intellektuellen hingezogen fühlen, dessen Glanz und Brillanz ein wenig auf sie abstrahlt. Sie selbst traut sich womöglich nicht, vor Publikum zu reden, genießt es aber, dass ihr Mann das für sie tut. Der Druck der Eltern, sie solle etwas aus ihrem Intellekt machen, ist so auf ihren Mann übergegangen. Solche Frauen sind durchaus bereit, ihren Mann bei der Hausarbeit zu entlasten; während er seine Vorträge und Bücher schreibt, füllen sie die Waschmaschine, saugen die Teppiche, leeren die Mülleimer und füttern die Kinder. Eine solche Beziehung ist stabil, solange die Frau den Ausgleich durch den Mann braucht und der Mann erfolgreich ist. Stillt diese Frau ihre emotionalen Bedürfnisse, ist sie womöglich nicht länger bereit, die Waschmaschine, der Staubsauger und Mülleimer der Familie zu sein. Umgekehrt verliert der Partner seine Attraktivität mit dem Verlust seiner akademischen Karriere.

Tipp: Dir muss klar sein, dass du mit der Auflösung deiner Liebesbedürfnisse womöglich das Ziel verlierst, welches du gemeinsam mit deinem Partner teilst. Warst du genauso wie er an Geld, Macht oder seinem Erfolg interessiert, wird sich das ändern. Dieses ungestillte Liebesbedürfnis hat sehr wahrscheinlich mit deinen Eltern zu tun. Prüfe dein hinteres Herzchakra und hinteres

Thymus-Chakra knapp unterhalb der Halswirbelsäule auf subtile Druckgefühle; damit macht das abgespaltene Bedürfnis auf sich aufmerksam.

Energetisch unterscheiden wir zwischen dem vorderen und dem hinteren Chakra. Vorne, auf der Bauchseite, geben wir Energie ab. Im Falle des Herzchakras lieben wir jemanden oder etwas, wenn wir es von hier aus anstrahlen. Hinten, im Rücken, liegt das hintere Chakra, das für das Nehmen zuständig ist. Fühlen wir uns eingebettet und geliebt, erzeugen wir dieses Gefühl also mit dem hinteren Herzchakra.

Analog sind Ansprüche, die wir an uns selbst richten, im vorderen Thymus-Chakra gespeichert. Hinten, im Nacken, speichern wir die Ansprüche, die andere an uns richten, also die Bürde, die wir uns aufgeladen haben.

Der gleichwertige Partner

In dieser Beziehung wirst du als ganzer Mensch wahrgenommen und nicht nur in deinen nützlichen Aspekten. Du bist geistvoller Gesprächspartner und attraktiver Liebhaber in einem. Eine solche Beziehung streben wir zwar alle an – bedingt durch die komplexen Abhängigkeiten, in die wir uns eingebunden fühlen –, gönnen sie uns jedoch viel zu selten. Sie ist uns nicht zugänglich, solange uns tief sitzende Mängel von der freien Partnerwahl abhalten.

Frauen haben noch immer Probleme damit, sich mit einem Partner einzulassen, der in Bildung und Einkommen unter ihnen steht. Durch die Gleichberechtigung der Frau ist genau dies jedoch immer häufiger der Fall; Frauen werden wohlhabend und erfolgreich. Und es kann nicht beliebig viele Männer geben, die noch wohlhabender und erfolgreicher sind als sie.

Es ist wichtig, einzusehen, dass es einem tiefen Programm entspricht, als Frau das ranghöchste Männchen zu ergattern. Aber wir sind keine Affen mehr, und du kannst stärker sein als dieses archaische Programm. Konzentriere dich auf die emotionalen

Stärken deines Partners. Sieh, wie gütig, liebevoll und mitfühlend er ist. Das sind Aspekte eines Mannes, die auch Frauen zu schätzen lernen müssen, selbst wenn sie lange Zeit als typisch weiblich galten.

Der Erfolg eines Mannes sollte nicht länger an seinem Kontostand gemessen werden, so wie der Erfolg einer Frau nicht mehr an der Zahl ihrer Kinder gemessen wird. Wir entwickeln uns weiter, und damit entwickeln wir auch neue Beziehungsmodelle. Ich finde das durchweg positiv. Die »bessere Hälfte« für das gemeinsame Leben zu suchen ist ein veraltetes Modell. Wer sich mit seinen Freunden und Partnern auf Augenhöhe treffen möchte, muss die Gefühle höher einstufen als das Gehalt.

Tipp: Schreibe auf, wie du dir deinen Traumpartner vorstellst, und zwar ohne Kompromisse und ohne Rücksicht auf deine materielle oder emotionale Situation. Welche Punkte auf der Liste verursachen einen fühlbaren Druck oder Schmerz in deinem Körper, wenn du sie betrachtest? Warum tut es weh, wenn du dir vorstellst, du hättest diesen perfekten Partner? Was liegt hinter diesem Schmerz? Tut es weh, sich einen attraktiven Partner zu gönnen, weil du dich selbst als hässlich empfindest? Schmerzt es, wenn du dir vorstellst, dein Partner würde dich aufrichtig lieben, weil ein Teil von dir denkt, du hättest das nicht verdient – oder umgekehrt, du könntest ihn nicht aufrichtig lieben? Löse diese Blockaden auf, wo du sie empfindest. Spüre in den Druck hinein und integriere ihn mit der Meditation »Bedürfnisse stillen« (S. 36). Dann wird dein Energiesystem für diesen Partner offen sein.

Der spirituelle Begleiter

Energetisch können wir mit jedem unserer Chakras eine partnerschaftliche Verbindung eingehen. Die solideste und reifste Bindung ist die Verbindung von Herz zu Herz. Wie tief und rein diese Liebe ist, hängt von der jeweiligen Reinheit der Chakras ab.

Verbindungen des Herzchakras entsprechen der Liebe. Verknüpfungen des Bauchchakras entsprechen der Symbiose oder Zweckgemeinschaft. Liebe verträgt Distanz und Disharmonien und vermag zu warten. Die Zweckgemeinschaft verträgt keine räumliche, zeitliche oder emotionale Trennung; der kindliche Anteil bekommt Angst. Liebe trägt durch dick und dünn. Die Zweckgemeinschaft legt jedes Gramm auf die Goldwaage, um die tägliche Ration des Vertrauens und der Zuneigung abzumessen. Wer überprüfen möchte, ob er in einer Liebesbeziehung oder einer Zweckgemeinschaft lebt, sollte sich zum Testen ungebührlich verhalten: In einer Liebesbeziehung wirst du gefragt, was mit dir los ist, in einer Zweckgemeinschaft wirst du umgehend bestraft.

Wie so oft im Reich der Gefühle, schütteln sich zwei Extreme die Hand. Genie und Wahnsinn liegen auch in der Liebe nahe beieinander. Der spirituelle Begleiter ist darum sowohl für sehr reife Seelen als auch für sehr unreife Seelen die erste Wahl.

Wer sich mental von Raum und Zeit gelöst hat, wird sich einen Partner wünschen, der dies ebenso vermag; sonst stellt sich das Gefühl ein, Erfahrungen zu haben und zu machen, die nicht geteilt werden können. Der spirituelle Begleiter hat das gleiche Energieniveau wie du, ist womöglich erwacht und trifft sich so mit dir in einem Raum der Erkenntnis, in der Identität und Körper frei austauschbar sind.

Menschen mit einer selbstmitleidigen Grundhaltung fühlen sich zu diesem Beziehungsmuster gleichfalls hingezogen. Der feine Unterschied besteht im Chakra, mit dem diese Beziehung eingegangen wird. Während die reife Form dieser Liebe über das Verschmelzen der Herzchakras erfolgt, sucht die unreife Form dieser Bindung das Verschmelzen der Bauchchakras miteinander.

Tipp: Blickkontakt ist eine völlig unterschätzte Form der Intimität. Mütter und ihre Babys schauen sich mitunter minutenlang in die Augen. Wie lange hältst du den Blick deines Partners aus? Kannst du dich in den Augen des anderen verlieren, darin fallen lassen und die Tiefe der Seele ertragen, die dir gegenübersteht? Oder schlägst du die Augen nieder und schaust beschämt zur Seite?

Energetisch kommt es durch Blickkontakt zu einer Verschmelzung. Die Aura öffnet sich, und die Energiemuster zweier getrennter Menschen verbinden sich miteinander. Je stärker diese Verschmelzung ist, desto stärker fühlen und denken diese Menschen wie eins. Aus zwei Ichs wird ein Wir. Und so spiegelt sich dieser Prozess auch verbal. Pärchen, die vermehrt in der Wir-Form sprechen, sind emotional enger aneinander gebunden als Paare, die das nicht tun. Im Falle einer unreifen Symbiose mit dem Bauchchakra wird anhaltender Blickkontakt Angst, Wut und Trauer wecken.

Setze dich für diese Übung deinem Partner gegenüber und schau ihm anhaltend in die Seele. Immer nur einer der Partner sagt dabei laut, wie er den anderen dadurch wahrnimmt. Die einströmende Energie des Partners trifft naturgemäß auf Widerstände im anderen. Gefühlsvermischungen können sich zeigen; sie entstehen, wenn Angst und Freude, Trauer und Liebe oder Geborgenheit und Wut miteinander verquickt sind. Solche Gefühlsvermischungen sind körperlich sehr unangenehm, da der physische Körper die widersprüchlichen Signale in einem Gefühl des Zerreißens zeigt. Wie du diese Gefühlsvermischungen löst, habe ich dir auf S. 69 gezeigt. Löse die letzten Spannungen auf, indem ihr, du und dein Partner, diese inneren emotionalen Zustände ganz ruhig betrachtet. Erlaube dir, dich so zu fühlen. Gestatte deinen Gefühlen, zu sein. Gönne zu guter Letzt deinen ungeliebten Gefühlen wie der Wut und der Angst, von einer höheren Kraft und deinem Partner geliebt zu werden.

Liebe mit Lust

So wie in jedem von uns ein Buddha ruht, schlummert auch in jedem Menschen ein heißblütiger Liebhaber. Die Körperlichkeit ist oft von Scham, Ängsten und Wut belastet. Diese Gefühle stehen wie eine Mauer zwischen uns und trennen die Liebe von der Lust sowie die eigenen Gefühle von den Gefühlen des Partners.

Sobald sich zwei Körper vereinen, ist das Sex; wenn zwei Seelen miteinander verschmelzen, ist das Liebe.
Diese Vereinigung der Seelen sollte dabei der Verschmelzung der Körper vorangehen. Dieses energetische Annähern und Wegdrücken, Zurückscheuen und Hingeben erzeugt das Prickeln und die Leidenschaft, nach der wir uns alle sehnen. Wehren wir uns nicht gegen die Energie des Partners, darf er uns in der Seele berühren. Wir verbergen nichts vor ihm, teilen unsere Gefühle und beginnen mit ihm als ein Wesen zu fühlen, das gleichermaßen Lust empfängt wie spendet.

Jeder von uns besitzt beide Energien: das weibliche Yin und das männliche Yang. Im Reich der Energie sind beide Kräfte gleich stark. Das weibliche Zurückweichen, Nachgeben und Weichsein ist dem männlichen Vorstoßen, Nachdrängen und Hartsein weder unterlegen noch unterstellt. Im Gegenteil folgt die männliche Energie der weiblichen Energie. Das Yang drängt dem Yin hinterher, somit lenkt das Yin die Tatkraft des Yang, indem es ihm Räume öffnet, in die es einfließen kann.

In dieser tantrischen Verschmelzung geht es nicht länger um Dominanz und Hierarchie. Alles dreht sich um Harmonie – ein lustvoller Zustand, der, wenn einmal erreicht, weder stärker noch schwächer wird und auf kein Ziel hinauswill.

Um ihn zu erreichen, darf die Frau zu einem Gefäß für die Energie des Mannes werden. Sie wird leer wie ein Brunnen, damit die Energie des Mannes sich in ihr wie Wasser bewegt. Damit eine Frau sich dieser Kraft hingeben kann, muss sie sich gehalten, sicher und geliebt fühlen. Die Quelle dieser Lust ist die Liebe, nicht umgekehrt.

Jetzt beginnt die Energie in der Mitte des Körpers entlang der Pranaröhre hellweiß zu leuchten. Der Augenblick ist gekommen, die Lebenskraft durch den Körper zu leiten und alte Muster, Ängste und Blockaden zu lösen. Auch hier gibt die Frau ihren Körper frei, damit die Energie des Mannes strömen kann. Die weibliche Hingabe und der männliche Tatendrang verschmelzen zu einer Urform göttlicher Energie, die sich selbst gebärend enthält.

Der Energiekörper wird durch diese Praxis aufgeladen und gereinigt. Er leuchtet aus dem Innersten heraus. Meridiane und Chakras werden gesäubert und gestärkt.

Wo immer und wann immer sexuelle Energie als schmutzig, minderwertig und animalisch verboten wurde, beraubte sich der Mensch einer klaren und reinen Kraft, die ebenso göttlich ist wie die Liebe selbst. Stärken wir unseren Energiekörper mit der Kraft der Liebe und Lust, erhält er zusehends mehr Konsistenz. Er wird – gleichwohl ätherisch – kräftiger und greifbarer für jeden. Er ist wieder zum primären Körper geworden, der physische Körper dagegen ist nur eine Hülle, die abgelegt werden kann.

Zur Vorbereitung auf diese Verschmelzung empfehle ich die Versöhnung mit der Energie des anderen Geschlechts. Viele Männer empfinden unbewusst Scham, Ekel und Angst in Kontakt mit der weiblichen Lust. Und viele Frauen fühlen sich unterschwellig von der männlichen Lust bedroht, ausgenutzt oder beschmutzt.

Hier gilt es, sich mit der klaren und reinen Energie des anderen Geschlechts auszusöhnen. Als Frau hilft es, sich vorzustellen, wie lustvoll es ist, als Mann die Hingabe und Empfänglichkeit der Frau zu spüren, die Kraft zu fühlen, die vom eigenen Körper ausgeht, um in den Körper der Frau zu drängen. Die männliche Lust bemächtigt sich der Frau als Versorger und Verführer mit Blick auf das gemeinsame Ziel. Sie hat eigentlich nichts Bedrohliches an sich. In Wahrheit lockt die Frau die drängende Kraft des Mannes, wohin sie will. Im selben Maße, wie sie sich hingibt, folgt ihr die Energie des Mannes nach. Der Mann ist nicht der leitende Part der Zusammenkunft. Die Hingabe der Frau lenkt die Kraft des Mannes, wohin sie möchte und wo sie gebraucht wird.

Die männliche Lust entsteht durch Dominanz, damit die weibliche Lust von Hingabe durchströmt sein kann. Dies sind universelle Qualitäten, die nicht verbessert werden können, sondern nur erreicht. *Der Mann muss ganz Mann sein, damit die Frau ganz Frau sein darf.* Daran sollten wir nichts ändern – zumindest im Bett.

Doch mit den Jahren geht die Aufregung in vielen Beziehungen verloren. Der erotische Reiz des Partners scheint sich mit der Zeit zu erschöpfen. Alles ist Routine. Es fehlt das Prickeln, die Schüchternheit und plötzlich entfesselte Lust, die liebevolle Aggression, das lüsterne Spiel. Der Partner wird auch sexuell in einem bestimmten Muster wahrgenommen.

Bricht einer der beiden Partner aus diesem Muster aus, ist Irritation, ja Verständnislosigkeit die Folge. So bleibt es beim Alltagssex, der – wie das gemeinsame Essen – seine festen Abläufe kennt. Jeder weiß, was als Nächstes kommt und was er zu tun hat. Das ist weder gut noch schlecht. Man weiß, was man bekommt. Es gibt keine angenehmen, aber auch keine unangenehmen Überraschungen.

Zudem ist für viele Frauen das verliebte Beisammensein das Dessert nach einem schönen Tag. Für Männer ist Sex dagegen ein Grundnahrungsmittel. Diese unterschiedliche Auffassung von Lust enthält einen Grundkonflikt, den jedes Paar auf seine Weise lösen muss. Zumeist läuft es darauf hinaus, dass der Mann weniger bekommt, als er gerne hätte, und die Frau sich auch mal mit einem Schnellgericht begnügt.

Doch Lust und Freude entstehen, wenn sich eine angesammelte Spannung unverhofft entlädt. Diese Befreiung bedarf einer ungetrübten Beziehung zum Partner. Je länger eine Beziehung dauert, desto geneigter sind wir, störende Eigenschaften des Partners zu tolerieren. Diese Altlast ist kein Plus, sondern ein Minus im Bett. *Die Beziehung regelmäßig von emotionalen Diskrepanzen zu reinigen, hält die Liebe frisch und lebendig.*

Stelle dich dafür deinem Partner gegenüber. Fühle in die Widerstände hinein, die sich energetisch zwischen euch zeigen. Fühle in all das Unausgesprochene und Ungesagte hinein, was sich in Druckgefühlen im Körper bemerkbar macht. Strahle deinen Partner nun bewusst mit diesen Druckgefühlen an.

Es ist nicht länger nötig, sich selbst oder den Partner anzulügen. Wie sehr wir Menschen in Wolken und Blasen ausgewählter Gefühle schweben, dürfte jedem hinreichend bekannt sein. Gefühle, die zu unserer momentanen Stimmung oder Lebenssituation nicht passen, werden allzu gerne verleugnet. Wir tun so, als hätten wir sie nicht, oder messen ihnen keine Bedeutung bei. Aber unsere Gefühle gehen nicht einfach weg. Alles was zu uns gehört, lässt sich nicht abschütteln wie ein lästiges Kleidungsstück. Es ist auf feinstoffliche Weise mit uns verwachsen.

Wer sich nicht traut, diesen Gefühlen nachzugehen, ist einer der glücklichen Unglücklichen, jemand, der bewusst unbewusst bleibt. Es ist gefährlich, sich einem schönen Leben hinzugeben. Wahre Liebe bringt die alten Gefühle der Angst, Wut und Trauer zum Leuchten. Sie treiben aus der Verdrängung nach oben, um gelöst zu werden. So viele Menschen klammern sich an ihre Ängste, und die Ängste klammern sich an sie. Hier ist oft ein gewisser Unwille spürbar, Verantwortung für sich zu übernehmen, sich selbst zu versorgen und sich endlich zu gönnen, was man braucht.

Darum jammern und klagen diese Menschen zwar über ihre Gefühle, aber sie konfrontieren sich selbst nicht damit. Sie zeigen sie jedem, nur nicht sich selbst. Der Partner kann sie uns spiegeln und hilft uns aus dieser selbst gegrabenen Höhle heraus.

Streit und Versöhnung

Gut zu streiten ist eine Kunst, die wir oft nicht gelernt haben. Ein guter Streit ist bestimmt von Respekt und getragen von Liebe. Die Liebe ist der Ozean, der trägt; die Gewitterwolken des Zorns brausen und blitzen darüber, aber sie vernichten den Ozean nicht. Diese Erfahrung, dass die Liebe durch den Sturm der Wut und Enttäuschung trägt, fehlt vielen Menschen. Sie kennen nur das schwarz-weiße Muster aus Zorn oder Liebe, Freude oder Trauer; dabei ist beides in gleichem Maße möglich. Denken wir an das italienische Pärchen, das sich ausgelassen streitet, um sich anschließend lauthals zu versöhnen.

Die Liebe ist das Fundament, der gute Streit das Trägerwerk einer gesunden Beziehung. *Ein guter Streit verliert das Ziel nie aus den Augen: die Liebe zu reinigen, um sich wieder zu versöhnen. So*

dient der Streit der Liebe und zerstört sie nicht. Das Thema des Streits schwimmt gleichsam auf dem Ozean der Liebe. Die See mag rau sein, aber die Weite und Tiefe der Liebe bleibt unangetastet.

Die Liebe des anderen bringt Licht in die dunklen Seiten der Seele, die, aufgescheucht, an die Oberfläche des Bewusstseins wandern. Eine Beziehung weckt die Traumata, die tief in uns schlummern. Die Trümmer alter Familienkonflikte werden gleichsam an den Strand der Seele gespült. Waren diese Konflikte von starker Hilflosigkeit geprägt, kann dies im erneuten Erleben die Lösung des Problems abermals verhindern. *Je beständiger die Liebe des Partners leuchtet, desto schneller geht die Reinigung der Seele voran. Der Energiekörper zeigt seine Wunden, um sie zu heilen.*

Eine Beziehung ist energetisch dadurch definiert, dass sich zwei Energiekörper zur wechselseitigen Versorgung miteinander verbinden. Es entsteht ein Synergieeffekt. Zwei Energiekörper zusammen besitzen mehr emotionale Antworten auf die Fragen des Lebens als einer allein. Damit dieser Synergieeffekt entsteht, ist es notwendig, dass beide Energiekörper den gleichen Entwicklungsstand besitzen. Andernfalls empfindet einer der beiden die Verschmelzung als Belastung.

Eine Trennung geschieht energetisch in dem Augenblick, wenn einer der Partner seine Probleme nicht länger zusammen mit dem anderen bewältigen will. Es ist ein zutiefst menschlicher Irrtum, zu glauben, dass man nur über die Probleme reden dürfte, auf die es eine absehbare Antwort gibt. Partner sprechen Probleme in der Beziehung oft nicht an, wenn sie glauben, dass der andere darauf nicht zu reagieren weiß. In Wahrheit hilft es ungemein, allein nur über das Problem zu reden – völlig unabhängig davon, ob es eine Lösung gibt oder nicht. Die Lösung eines Problems kann auch darin liegen, seine Unlösbarkeit anzuerkennen.

Wer sich in einer Partnerschaft den Problemen des Partners und nötigen Veränderungen verschließt, sabotiert die Beziehung. Das Ausweichen des Partners zum Ersatzkonsum, sei es Essen, Alkohol oder Affären, ist eine Folge, nicht die Ursache der Unzufriedenheit des anderen. Die typischen Symptome einer nahen Trennung häufen sich. Der Alltag zusammen wird zunehmend stressig. Irgendwann wird das meiste, was der Partner sagt oder tut, als störend empfunden. Jetzt gehen sich beide lieber aus dem Weg. Die Gespräche eskalieren rasch zum Streit, und immer kleinere Funken genügen, den Scheiterhaufen der Beziehung neu zu entfachen.

Jeder lebt für sich und zunehmend gegen den anderen. Das Mitfühlen und Mitschwingen mit dem anderen ist ausgeschaltet und kann sogar der Schadenfreude einen Platz einräumen. Dann freut sich einer der beiden, wenn dem anderen ein Missgeschick geschieht oder gar Unglück widerfährt. Hier ist eine Linie überschritten, an der eine Trennung sinnvoll erscheint.

Die Last der Familie

Der Schatten unserer Familie reicht weit, über viele Generationen, bis zu uns. Das Energiefeld einer Familie enthält unausgesprochene Aufträge, Vermeidungsstrategien und Glaubensstrukturen, die tief auf unsere Psyche einwirken. Aus der Perspektive eines Hellsichtigen formen Familien dynamische Systeme, innerhalb derer Gefühle und Energien verschoben und wechselseitig unterdrückt werden. Zuweilen sehe ich Verschiebungen der Gefühle innerhalb der Familie. Dann lebt der Sohn die verdrängte Wut des Vaters aus oder auch die Tochter die unbewussten Ängste der Mutter. So entsteht ein Wirrwarr an Gefühlen und Bedürfnissen, bei denen die Betroffenen oft selbst nicht wissen, was zu ihnen persönlich und was zur Familienlast gehört.

Kinder geben sich selbst die Schuld, wenn etwas geschieht, das zu ihrem Schaden ist. Sie fühlen sich so eins mit den sozialen Strukturen, dass sie nicht verstehen, wie Dinge geschehen können, die mit ihnen als Individuum nichts zu tun haben. Die Loyalität der Kinder ihren Eltern gegenüber reicht aus, schwere psychosomatische Symptome auszubilden, um die Eltern in der Fürsorge des

Kindes wieder zu vereinen. Ihr Glaube an das energetische Feld, in dem sie die Dinge wieder richtigstellen können, ist rührend. Viele Familienkonflikte werden so auf den kleinen Schultern ausgetragen, zuweilen bis ins hohe Alter des längst erwachsen gewordenen Menschen hinein.

Kinder somatisieren ihren psychischen Druck schneller als Erwachsene. Das tun sie umso stärker, je mehr die Eltern von ihren Kindern erwarten, sie sollten mit bestimmten Leitlinien konform gehen. Anders gesagt: Darf ein Kind nicht zeigen, dass es wütend ist, hat es eben Kopfschmerzen. Ist es dem Kind verboten, über seine Bedürfnisse zu sprechen, macht es mit Schmerzen im Bauch auf sie aufmerksam.

Der Wunsch des Kindes, dem Willen der Eltern gefügig zu sein, kann so weit gehen, dass ein negatives Bild vom Kind übernommen wird. Die Sehnsucht des Kindes nach Liebe wird zu einem Werkzeug der Selbstsabotage und -zerstörung. Der »Nichtsnutz«, wie der Vater den Jungen sieht, beginnt wirklich zu nichts mehr nütze zu sein. Das »faule Stück«, wie die Mutter das Mädchen nennt, wird tatsächlich keine Lust mehr haben, etwas zu erreichen. Auch ein Klassenclown fällt ungern aus der Rolle.

Welche Wirkung der Blick der Erwachsenen hat, wird noch immer unterschätzt. Die Attribute, die Kindern von außen vorgelegt werden, beginnen Teil ihres Charakters zu werden. Die Kinder verformen ihre Seele wie Knetgummi. Für sie ist es ein Spiel. Sie wissen nicht, wie schnell ihre Seele aushärtet und zeit ihres Lebens diese verbogene Form behält. Mitunter sind diese energetischen Deformationen fatal.

Der Wunsch, es den Eltern recht zu machen, um ein geliebtes Kind zu sein, verleitet zum selbstschädigenden Verhalten. Sehr verbreitet ist das Muster, nur nach einer vollbrachten Leistung entspannen zu dürfen. Jetzt muss immer eine Leistung vollbracht werden, um der inneren Ruhe würdig zu sein.

Um eine komplexe Maschine bedienen zu dürfen, müssen wir eine Einweisung erhalten oder sogar eine Ausbildung erfolgreich abgeschlossen haben. Aber Kinder erziehen darf jeder, der will.

Die meisten Eltern sind mehr oder weniger stark mit der Erziehung ihrer Kinder überfordert. Das Kind schreit, sie schreien lauter. Das Kind verletzt sie emotional, sie kränken es noch mehr. Es ist der alte Irrglaube, jeder Kraft eine stärkere Gegenkraft entgegensetzen zu müssen, um zu gewinnen. Aber so erringen wir nur Pyrrhussiege, bei denen beide Seiten verlieren.

Wer sich stattdessen öffnet und mitschwingt, nutzt die Kraft, die ihm schaden möchte, und wird durch sie stärker. Wer im Kontakt mit seinem Kind überfordert ist, sollte das seinem Kind sagen. Wer wütend wird, weil sein Kind wütend ist, sollte sein Kind mit der Energie der Wut anstrahlen, anstatt es anzuschreien.

Kinder reagieren sehr sensibel auf Energie. Für sie gibt es noch keinen klaren Unterschied zwischen positiven und negativen Gefühlen. Und sie fühlen, dass es besser ist, mit Wut angestrahlt zu werden, als gar nicht. Gleichgültigkeit ist die schlimmste Form der Verachtung. Sein Kind zu ignorieren bedeutet, seine Existenz zu verleugnen.

Streiten wir mit einem Kind, muss die Meinung des Kindes Gewicht haben. Kinder brauchen die Erfahrung, dass ihre Meinungen und Interessen zählen. Zu oft werden die elterlichen Bedürfnisse mit psychischer und physischer Gewalt durchgesetzt. Der Selbstwert des Kindes erleidet so einen Schaden.

Naturgemäß sind Frauen eher bereit, die Meinung eines Kindes gelten zu lassen und darauf einzugehen, selbst wenn diese Meinung aus ihrer Sicht Unsinn ist. Männern sind Diskussionen mit Kindern meist zu infantil. Lehrer verzichten leider ebenfalls darauf, parallel zur Lehrmeinung stehende Meinungen gelten zu lassen. Wir rauben unserer Gesellschaft so konsequent ein kreatives und energetisch sinnvolles Gedankenpotenzial.

Die Eltern

Ein wunder Punkt in jeder Seele ist die Liebe der Eltern. Es ist schwer zu akzeptieren, dass die eigenen Eltern einen nicht so geliebt haben, wie wir wirklich sind. Und doch ist diese prägende Erfahrung niemandem erspart geblieben – niemandem, den ich bisher kennengelernt habe.

Wenn jeder Mensch einen elterlichen Liebesmangel in sich trägt, wird es Zeit, darüber zu sprechen. Welches Verhalten löst dieser Mangel aus? Wie erkennen wir ihn in unserem Körper? Und wie können wir ihn beheben?

Der Vater

Ein guter Vater trägt uns auf den Schultern, erklärt uns die Welt und beschützt uns vor ihr. Er kann in gleichem Maße warm und gefühlvoll wie auch stark und dominant sein. Seine Härte und Stärke richtet er nach außen, seine Wärme und Liebe nach innen, zu seiner Familie, die er beschützt. Er ist der Ernährer, der Versorger und Beschützer. Er sammelt wichtige Informationen über die Welt und gibt sie in mundgerechten Stücken an seine Nachkommen weiter. Weder überfordert noch unterfordert er seine Kinder, denn er ist ernsthaft und aufrichtig an ihrem gesunden Wachstum interessiert.

Diese väterliche Energie ist ein Feld im Universum, in das sich Tiere häufig leichter einschwingen können als Menschen. Ein Vater, der zunächst und vor allem an seinem eigenen Wachstum interessiert ist, wird sich nicht genügend um das geistige und körperliche Wachstum seiner Nachkommen kümmern.

Je liebloser der Vater, desto ehrgeiziger das Kind. Denn Kindern geht es nicht darum, einen guten Vater oder eine gute Mutter zu haben, sondern ein geschätztes und geliebtes Kind zu sein. Selbst der schlechteste Vater der Welt darf auf die Liebe seiner

Kinder bauen. Diese Liebe ist bedingungslos und hofft, in gleichem Maße bedingungslos geliebt zu werden. Dieses Bündnis zerbricht, wenn der Vater zu dieser reinen Liebe gar nicht fähig ist. Im Glauben, dass der Vater es besser weiß, passen sich die Kinder seiner halbherzigen Liebe an. Mangel trifft jetzt auf Mangel zu Lasten der Kinder, die versuchen, sich die wahre Liebe ihres Vater zu verdienen.

Es entsteht eine lebenslange Abhängigkeit. Sie ist dem Liebeshunger geschuldet, der Suche nach dem Segen der Götter, die Eltern für Kinder nun mal sind.

Die Mutter

Eine gute Mutter genießt den Ärger, den sie mit ihren Kindern hat. Sie weiß, sie muss nicht perfekt sein, und darum ist sie gut. Sie lauscht mit ihren Kindern dem Klang der Gräser, wie sie den Morgentau trinken. Sie hört, wie sich die Blüten öffnen oder die Sonne die Erde erwärmt. Sie hat den Blick eines Kindes nicht verloren, und so sieht sie das Unsichtbare und hört das Unhörbare. So fördert sie die geistige Sanftheit und Vorstellungskraft ihrer Kinder. In der geistigen Welt der Mutter ist alles real, was wir uns vorstellen können. In der geistigen Welt des Vaters ist alles real, was materiell existiert. So finden im Kopf des Kindes Materie und Geist wieder zusammen, so wie sie auch im Kosmos vereint sind.

Katzen sind – hellsichtig betrachtet – hervorragende Mütter. Kaum dass sie ihre Jungen wiedersehen, streifen sie allen Stress der Jagd von sich ab und spannen ein Feld der Ruhe und Geborgenheit auf. Ihr rotes Wurzelchakra beginnt sehr starke Energie zu produzieren, die auf ihre Kinder abfärbt, sie beruhigt und zum Schlafen ermutigt.

Die Beziehung zur Mutter prägt die Beziehung des Kindes zum Schlaf, der Geborgenheit und dem inneren Frieden. Wut auf die

Mutter und Angst vor der Mutter werden zur Wut auf die Ruhe und Angst vor der Ruhe. Schlechte Erfahrungen mit der Mutter werden mit dem eigenen Wurzelchakra wiederholt. Unser Wurzelchakra behandelt uns fortan so, wie unsere Mutter uns behandelt hat oder wie wir sie gerne behandeln würden. War unsere Mutter gut zu uns, versorgt uns das Wurzelchakra gut. War unsere Mutter schlecht zu uns, wird die Versorgung über das Wurzelchakra schlecht sein. All die unterdrückten Gefühle reduzieren seine Kraft.

Eltern lassen sich entsprechend den fünf Persönlichkeitstypen in fünf Kategorien unterteilen. Diese wollen wir uns – getreu der aufstrebenden Hierarchie – ansehen. (Siehe dazu auch die Grafik »Elterntypen«, S. 92.)

Die feindseligen Eltern

Die Feindseligkeit dieser Eltern ist durchaus ernst gemeint. Laut einer Studie der Universität Bielefeld ist in Deutschland fast jedes vierte Kind von körperlicher Gewalt betroffen. So viele gaben bei einer Befragung an, von Erwachsenen oft oder manchmal geschlagen zu werden. Besonders betroffen sind Mädchen und Jungen aus armen Familien. Neben Schlägen erleben Kinder auch verbale Missachtung. Ein Viertel aller befragten Kinder sagte aus, von Erwachsenen als »dumm« oder »faul« beschimpft zu werden.

Feindselige Eltern sind wütend auf ihre Kinder. Sie sehen in ihnen den Grund für ihr Versagen im Leben und ihre Unzufriedenheit und bestrafen sie dafür. Liegt kein Grund vor, wird einer gesucht, um das Kind zu misshandeln oder emotional zu verletzen. Allein dass es existiert, ist für die Eltern Anreiz genug, wütend, frustriert oder einfach nur genervt zu sein.

Kinder, die in einem solchen Spannungsfeld aufwachsen, sind extrem ängstlich. In der starken Form werden sie selbst zu Psychopathen oder sogar Soziopathen, was als eine Anpassung an diese extremen Zustände zu sehen ist.[4] Die Kinder verlieren ihre Fähigkeit, Angst zu haben, um in der permanenten Angst vor Schlägen und Zurückweisungen nicht verrückt zu werden.

Zu den feindseligen Eltern gehört auch der als bedrohlich erlebte, kaltherzige Patriarch. Er lebt emotional und intellektuell in permanenter Distanz zur Welt und zu den Menschen. Der patriarchalische Vater herrscht lieblos über seine Familie und neigt zu Gewalt. Sein Schatten fällt weit und schwer auf das Leben seiner Kinder. Sie fühlen sich von ihm bedroht.

Tipp: Fühle in deine Amygdala hinein. Ängste sind ein notwendiger Bestandteil des menschlichen Gefühlsspektrums. Angst ist unser Gefühl für Gefühle. Ohne die Angst wissen wir nicht, was wir beschützen, was wir bewahren sollen, was wertvoll für uns ist. Die paarigen Kugeln der Amygdala links und rechts im Kopf, fühlbar an der Seite des Kopfes als seichtes Druckgefühl, werden umso stärker wehtun, je tiefer du hineinfühlst.

Lass dir Zeit. Spüre tief in deinen Kopf hinein, bis du die Amygdala fühlen kannst. Sie tut wahrscheinlich weh. Das ist ein Hinweis darauf, dass deine Amygdala Schaden erlitten hat.

Jetzt baust du diese Struktur wieder auf, indem du erlaubst, dass dieser Teil von dir alles bekommen darf, was er braucht. Dieser Teil deines Körpers darf all die Liebe bekommen, die er braucht, um zu wachsen und zu gedeihen. Sprich diese Sätze ruhig wieder und wieder im Geiste, während du im Kontakt mit deiner Amygdala stehst. Die Amygdala in der Vorstellung zu berühren, hilft den Kontakt zu halten. Mithilfe der Stammzellen, die ja jede Form von Zelltypen ausbilden können, kann auch eine stark beschädigte und darum schmerzhafte Amygdala wieder aufgebaut werden.

Die schlechten Eltern

Im Schatten ihrer eigenen Kindheit stehend, haben diese Eltern nie gelernt, sich um die Bedürfnisse anderer Lebewesen zu kümmern. Sie vernachlässigen ihre Kinder emotional und sogar materiell. Sie haben nie aufgehört, sich um sich selbst zu drehen. Ihre Bedürfnisse stehen noch immer an erster Stelle; erst danach kommen die Kinder.

Wer in einem solchen Umfeld aufwächst, wird stark unter Selbstzweifeln und einem schwachen Selbstwert leiden. Er hat nie gelernt, unterstützenswert, ja liebenswert zu sein. Dieser Dorn sitzt tief, und es ist diese primäre Wunde, die es zu heilen gilt.

Tipp: Der Egoismus und die Besessenheit mit den eigenen Zielen, die Betroffene empfinden, dient nur dem Ziel, sich die Liebe und Aufmerksamkeit der Eltern zu verdienen.

Sollte das auf dich zutreffen, fühle tief in dein Herz hinein. Jetzt verlange, den wundesten Punkt in dir fühlen zu dürfen. Wie ein Pfeil, der noch immer in deinem Herzen steckt, wie ein Dorn, der sich noch immer in das Fleisch deiner Seele gräbt, kannst du hier eine Verletzung empfinden. Diese Kränkung, nicht so geliebt zu werden, wie man ist, soll heilen.

Drücke in deiner Vorstellung einen Finger auf die Wunde. Dieser Punkt soll heilen. Sage dir das immer und immer wieder, und die Wunde wird sich schließen und erst eine Narbe, dann weiches, frisches Gewebe ausbilden.

Auch energetische Wunden heilen wie körperliche, allerdings wesentlich schneller. Binnen weniger Minuten können wir uns von diesen tiefen Verletzungen der Seele befreien. Der Wille, sie zu fühlen, und der Wunsch, sie zu heilen, ist alles, was dazu nötig ist.

Die besseren Eltern

Wer kennt sie nicht, die Eltern die alles besser wissen und alles besser können als ihre eigenen Kinder? Wehe, das Kind kommt mit einer schlechten Note nach Hause, dann darf es sich stundenlange Vorträge über Verantwortung und korrektes Lernen anhören. Sollte es einmal eine gute Note vorweisen können, wird diese mit den Worten kleingeredet, die guten Noten wären früher viel schwerer zu erreichen gewesen als heute.

Nichts ist gut genug, um so gut zu sein, wie die Eltern es schon immer waren. Diese Selbstbeweihräucherung rührt aus einem schwachen Selbstwert der Eltern, den diese über ihre eigenen Kinder zu stützen versuchen. Statt ihre Kinder zu selbstbewussten und erfolgreichen Menschen zu erziehen, benutzen diese Eltern ihre Kinder, um besser vor sich selbst dazustehen. Sie wollen besser sein und bleiben als ihre Kinder, da sie es nicht ertragen, schlecht zu sein.

Dieser Elterntypus züchtet systematisch wütende Kinder heran, da diese ihre Wut nicht zeigen dürfen und sie somit in sich hineinfressen müssen.

Tipp: Setze dich hin und schließe deine Augen. Visualisiere eine Welt, in der dir keine Grenzen gesetzt sind ... Erlaube dir, erfolgreicher zu sein als dein Vater, liebevoller als deine Mutter, schlauer als dein Vater, wärmer als deine Mutter. Erlaube dir, besser zu sein, als deine biologischen Eltern es zugelassen haben. Du solltest wieder Zugang zu deinem unbegrenzten Potenzial bekommen.

Im realen Kontakt mit den Eltern dreht sich alles um die Autorität, die du zurückgewinnen solltest. Die Meinung der Eltern muss – im positiven Sinne – ihr Gewicht verlieren. Dabei helfen Sätze wie diese: »Danke für deinen Ratschlag, aber ich möchte gerne meine eigenen Erfahrungen machen.« »Schön, dass du eine andere Erfahrung gemacht hast, aber ich möchte mein eigenes Leben führen. Vielen Dank.«

Die gleichwertigen Eltern

Die Liebe des Vaters entscheidet über den Selbstwert und die Selbstverachtung seines Kindes.

Der gleichwertige, kumpelhafte Vater ist für die gesunde Reifung der Seele ideal. Halb bester Freund, halb großes Vorbild, kann dieser Vater genauso gut schmusen und kitzeln wie die Welt erklären und vor ihr beschützen. Er hat keine Angst davor, seine zarten Gefühle zu zeigen und über sie zu sprechen.

Aber er lebt auch die männliche Seite, die aus körperlicher Stärke, dem persönlichen Willen und klaren Zielen besteht. Er zeigt seine Dominanz nach außen und Wärme und Zuneigung nach innen. Er schützt die Grenze zwischen der bedrohlichen Außenwelt und der geschützten Innenwelt seiner Familie. Er ist der Vermittler zwischen diesen Welten.

So geschützt im kleinen Raum der Familie, bleibt das Kind im natürlichen Urvertrauen. Es lernt, die Welt mit Gedanken und Gefühlen zu begreifen – ohne Angst vor dem einen oder anderen zu haben.

Die Mutter ist in diesem vom Vater geschützten Raum für die Wärme und Geborgenheit zuständig. Ihre warme Energie und ihr weicher Körper bilden das Nest, in dem ein Kind erblühen und wachsen kann.

Tipp: Fühle dich in die Energie dieser Eltern hinein. Die Wirkung dieser archetypischen Eltern ist wie eine Schwingung im Kosmos, eine Radiofrequenz, auf die wir uns einstellen können. Sobald du dir erlaubst, die Liebe und Wärme dieser Eltern zu fühlen – oder selbst ein solcher Vater, eine solche Mutter zu sein –, wird ihre Energie in dir zu wirken beginnen.

Die spirituellen Eltern

Wie im Falle der Partnerwahl berührt die sehr reife und entwickelte Form eines Menschen sein dunkleres Gegenstück. Die Schlange beißt sich in den Schwanz. Darum sind die spirituellen Eltern einerseits die höchste Form, die wir anstreben können. Aber sie bergen zugleich das Risiko der Verblendung und Scheinwelt, sollten die Seelen nicht reif genug sein.

Spirituelle Eltern sind erwachte Wesen, die ihre Kinder im Sinne der Einheit und kosmischen Gesetze erziehen. Es geht nicht länger um den Glauben an das Göttliche, sondern um das Wissen, das darin liegt. In diesem Licht erzogen, gedeihen die Kinder als hoch spirituelle und glückliche Wesen, die – wie ihre Eltern – keinen Unterschied zwischen sich und anderen Wesen erkennen. Die Kinder werden auf Augenhöhe erzogen und wissen, dass sie göttlich, unzerstörbar, raum- und zeitlos sind.

Sobald aus diesem Wissen der Glaube geworden ist, beginnt ein Selbstbetrug, der auf die Kinder abfärben kann. Strenggläubige Familien unterdrücken oft ihre »negativen« Gefühle und spalten ihre »schmutzigen« Bedürfnisse ab. Wut auf Gott und Angst vor Gott mischen sich mit der Wut und der Angst voreinander. Über diese Gefühle darf zugleich nicht gesprochen werden, da der Schein der Heiligkeit und damit die Scheinheiligkeit der Familie unbedingt aufrechterhalten werden muss.

In diesem Feld wachsen Kinder heran, die stark zur Verdrängung neigen, da nur die reinen und guten Gefühle zulässig sind. Eine echte Reinigung und damit Reifung der Seele findet so nicht statt.

Tipp: Solltest du als Kind in einer solchen (schein)heiligen Familie aufgewachsen sein, prüfe dein wahres Verhältnis zu Gott. Die Beziehung zum göttlichen Selbst spiegelt oft die Beziehung zu den Eltern wider. Sie kann sehr stark von alter Wut und alten Ängsten geprägt sein. Druckgefühle auf dem Schädeldach verweisen darauf. Stell dir Gott oder das Göttliche vor. Stell dir vor, das Göttliche erscheint einen Meter von dir entfernt.

Welche abweisenden Gefühle steigen in dir auf? Wie empfindest du diesem Wesen gegenüber? Strahle es jetzt mit diesen negativen Gefühlen an. Wie mit einem Scheinwerfer leuchtest du deine Gefühle auf dieses Wesen. Keine Sorge, das Göttliche hat rein gar nichts gegen Wut oder Angst. Nur Menschen denken und werten in diesen kleinkarierten Kategorien.

Menschen, die unter der Last der Gläubigkeit aufgewachsen sind, neigen oft zu kindlichen Mustern des Feilschens mit Gott. Sie feilschen und buhlen um die Liebe und Anerkennung ihrer Eltern. Dieses Muster zu lösen, befreit dich aus deiner Unmündigkeit und führt dich zu deiner ursprünglichen Klarheit und Stärke zurück.

Unausgesprochene Aufträge

Die eigenen Eltern sind für die meisten Menschen die primäre Bindung im Leben. Ohne die (gefühlte) Zustimmung der Eltern zum eigenen Fühlen, Denken und Handeln ist ein Lebensglück nicht möglich. Außerhalb der Familie können und dürfen die Grundbedürfnisse der Seele nicht gestillt werden. Diese Abhängigkeit entspricht der Symbiose und ist damit ein psychisch unreifes Beziehungskonzept, sowohl aufseiten der Kinder als auch aufseiten der Eltern.

Der Wunsch der Eltern, ihre eigenen Bedürfnisse über die Kinder zu stillen, raubt dem Kind die Chance, so geliebt zu werden, wie es ist. Stattdessen wird es für das geliebt, was es kann.

Aufträge der Eltern an ihre Kinder werden so oft über Generationen hinweg weitergereicht. Die Kinder werden emotional nie aus der Schuld der Familie entlassen. Der wortlose Auftrag der Eltern, ihre ungestillt gebliebenen Bedürfnisse und Fragen an das Leben zu beantworten, wirkt zeitlebens auf das Kind ein. Solche unausgesprochenen Aufträge nennen wir »Delegation«.

Eine Delegation entsteht, wenn die Eltern ihren Kindern energetische Lasten für ihr ganzes Leben aufbürden. Diese Aufträge sind für das Kind unbewusst, wodurch subjektiv der Eindruck entsteht, aus eigenen Motiven heraus zu handeln. In Wahrheit handeln die Betroffenen aber im Auftrag der Eltern, um deren ungestillte Bedürfnisse zu stillen. Ausgesprochen können solche Aufträge wie folgt klingen:

»Lebe das Leben, das ich immer leben wollte, damit ich mit meinem Schicksal ausgesöhnt sein kann.« »Finde die finanzielle Freiheit, die mir vorenthalten blieb, aber sei bodenständig, wie ich es bin.« »Du sollst einen Partner heiraten, der dich nicht so sehr liebt wie ich, damit ich stets die wichtigste Person in deinem Leben bleibe.«

Delegationen können mehrere Generationen in die Vergangenheit reichen und bleiben auch nach dem Tod der Eltern aufrechterhalten. Häufig drehen sich diese Aufträge um Erfolge in Beruf, Partnerschaft oder Familienleben.

Das Problem der Delegation ist, dass die Kinder nicht ihr eigenes Leben leben und auch nicht ihre eigenen Bedürfnisse stillen. Sie handeln wie Angestellte der Eltern. Die Botschaften rumoren derart tief in der Seele vergraben, dass die Betroffenen im Allgemeinen gar nicht das Gefühl haben, gemäß der Direktion ihrer Eltern zu leben. Für sie erscheint es wie aus freien Stücken – mit der einzigen Unstimmigkeit, dass ihr Erfolg keine Befriedigung mit sich bringt. Wird das Ziel erreicht, stellt sich kein dauerhaftes Glücksgefühl ein, da es sich um die Bedürfnisse der Eltern und nicht die eigenen handelt.

Zudem können sich die Aufträge der Mutter und die Aufträge des Vaters widersprechen. Und sie enthalten – sehr oft! – eine Paradoxie, die sie unlösbar und damit unerfüllbar macht.

Seelische Paradoxien

Kommt es zu einer Delegation, die einen in sich widersprüchlichen Auftrag enthält, spreche ich von einer »seelischen Paradoxie«. Dazu gehören Aufträge, die ausgesprochen folgendermaßen klingen würden:

Der Vater zum Kind: »Ich will, dass du erfolgreicher bist als jeder andere, damit ich mit dir angeben kann. Aber wehe, du bist erfolgreicher als ich, dann werde ich neidisch und mache dich nieder!« Einem solchen Vater geht nichts über Leistung, obgleich er es nicht ertragen kann, den neuen Wagen oder die schöne Wohnung seines Kindes zu sehen. Obwohl er ein erfolgreiches Kind will, kann er sich nicht an ihm erfreuen. Das ist paradox.

Sein Kind wird diesen Zwiespalt in sich tragen und von Schuldgefühlen gequält sein, die mit dem Erfolg einhergehen. Je mehr Pokale und Geld der oder die Betroffene anhäuft, desto größer wird die Schuld. Ein solcher Mensch neigt dazu, plötzlich all sein Vermögen zu verschleudern, um die Last endlich los zu sein. Glücklich wird er damit auch nicht, denn schließlich lautete der Auftrag ja, siegreich zu sein.

Die Mutter zum Kind: »Du sollst das perfekte Kind sein, damit ich die perfekte Mutter bin. Aber wehe, du bist perfekt und brauchst mich nicht mehr, dann fühle ich mich nutzlos!« Eine solche Mutter findet in der saubersten Wohnung das eine Staubkorn im Regal, den einzigen Fleck auf dem Teppich und weiß auch immer, wie die bereits lecker schmeckende Suppe noch besser schmecken könnte.

Sie bringt neurotische Kinder zur Welt, die pausenlos Angst haben, zu versagen. Ihrem Kind wird ein gutes Leben verweigert, damit sie die gute Mutter sein kann.

Der Vater oder die Mutter zum Kind: »Werde ganz genau so wie ich, damit ich dich lieben kann. Aber wenn du mir ähnelst, lehne ich dich genauso stark ab wie mich selbst. Ich will mich über die Liebe zu dir selber lieben, aber weil ich mich nicht liebe, wirst auch du nicht geliebt.«

Der Vater oder die Mutter zum Kind: »Nimm dir ein Beispiel an mir und werde unglücklich. Das ist unsere Form der Rache am Leben. Wir reiben unser Unglück jedem unter die Nase, nur das macht uns glücklich.«

Werden diese seelischen Paradoxien aufgedeckt, wird die Lösung dieser energetischen Knoten oft von starken Schuldgefühlen bis hin zum Selbsthass begleitet. Die Einsicht, nie um seiner selbst willen geliebt worden zu sein, tut weh. Gefühle der Wertlosigkeit sind oft mit diesen Schuldfragen verbunden.

Es hilft, sich bei der Ablösung von den Eltern bei diesen im Geiste zu entschuldigen. Unter Tränen wird hier die Hand losgelassen, die den Betroffenen ein Leben lang festhielt. Die Schuldgefühle entstehen aus der kindlichen Treue und dem Gefühl, verantwortlich für die Bedürfnisse der Eltern zu sein. Lassen wir die Eltern innerlich los, bleiben sie alleine zurück. Diese Einsamkeit der Eltern wird plötzlich gefühlt. Unser Mitgefühl schmerzt uns zutiefst. Es tut uns leid, sie mit all ihrem Schmerz allein zu lassen, um wieder in die eigene Kraft zu kommen. Es erscheint egoistisch, und das weckt Schuldgefühle. Zugleich wird mit der Aufdeckung der seelischen Paradoxie erkannt, dass es keinen Sinn ergibt, länger an der Weisung der Eltern festzuhalten. Ihr Auftrag macht uns konsequent unglücklich. Wir müssen ein wichtiges Stück von ihnen loslassen, um wieder wir selbst zu sein.

Je größer die Bedürftigkeit der Eltern, desto größer ist der Auftrag, der an das Kind gerichtet wird. Und je größer der Auftrag an das Kind ist, desto heftiger werden die Schuldgefühle bei dieser Ablösung sein. Dies zu wissen und damit zu rechnen, wird dir helfen, damit umzugehen.

Gesunder Selbstwert

Die Ansprüche, denen wir genügen müssen, haben ein energetisches Gegenstück. Es ist dasjenige Chakra, das als Teil eines energetischen Immunsystems die Grenze zwischen Innen und Außen festlegt: das Thymus-Chakra. Dieses etwa drei Zentimeter große Chakra unterscheidet stofflich wie feinstofflich zwischen guten und schlechten Einflüssen. Ist es gesund und robust, weiß es genau, was gut für uns ist und was besser an uns abperlen sollte.

Ansprüche, die wir an uns richten, durchlöchern diese Schutzmembran. Zu diesen Ansprüchen zählt jegliche Form des Leistungsdrucks, der Selbstdarstellung, ja sogar des sozialen Harmoniewunsches.

Ansprüche werden von unseren Bedürfnissen gefüttert. Sie sind also eine Folge des bewusst oder unbewusst empfundenen Mangels. Energetisch können wir dabei zwischen dem vorderen und dem hinteren Thymus-Chakra unterscheiden. Vorne, auf der Brust, speichern wir die Ansprüche, die wir an uns selber richten, das sogenannte Selbstbild. Hinten, im Nacken, speichern wir die Ansprüche, die andere an uns richten oder gerichtet haben, das sogenannte Fremdbild. Das ist die Bürde, die uns aufgelastet wurde bzw. die wir uns selber aufgelastet haben.

Mit der Arbeit am Thymus-Chakra können wir sowohl das verzerrte Fremd- als auch Selbstbild ablegen. Fühle dafür in das Thymus-Chakra hinein. Druckgefühle dort verweisen auf die besagten Ansprüche, die wiederum mit einem dahinterliegenden Bedürfnis verbunden sind. Stille diese Bedürfnisse, indem du ihnen alles zugestehst, was sie brauchen – alle Liebe, alle Geborgenheit, alle Freude, allen Raum.

Kindererziehung

Die Hand rutscht aus, und die Ohrfeige knallt in das zarte Gesicht, das Minuten zuvor noch liebevoll gestreichelt wurde. Gehen Eltern so mit ihrem Kind um, sind sie von der Situation überfordert. Ist ein solcher Vorfall geschehen, ist es wichtig, diesen nicht einfach im Raum stehen zu lassen. Kinder wissen um die physische Überlegenheit ihrer Eltern; diese dient ja auch ihrem Schutz. Dass es bei solcher Kraft zu einer Fehlleitung kommen kann, ist dem Kind verständlich. Aber das muss ausgesprochen und klar formuliert werden. Das Schlimmste ist, nichts zu tun und ein verstörtes und irritiertes Kind mit seinen verletzten Gefühlen und wirren Gedanken alleine zu lassen.

Als Erstes ist eine Entschuldigung fällig, in der wir als Mutter oder Vater zwei Dinge klarstellen: Es ist nicht die Schuld des Kindes, sondern die eigene Schwäche. Die Ohrfeige war ein Fehler und es tut uns aufrichtig leid.

Es ist von entscheidender Bedeutung, als Eltern die Dinge klar beim Namen zu nennen. Das Kind muss verstehen, was den Erwachsenen leidtut – ein vages »Was da vorhin passiert ist …« können viele Kinder nicht nachvollziehen. Mit einer ernst gemeinten Entschuldigung ist es allerdings noch nicht getan. *Das Verhalten der Kinder hat Konsequenzen, das Verhalten der Erwachsenen hat leider oft keine. Das ist unfair.*

Das Kind soll sehen und spüren, dass ein Fehlverhalten seiner Eltern Konsequenzen für sie hat. Das bedeutet, Wort zu halten, Versprechen einzulösen und sich eventuell Sanktionen aufzuerlegen, wenn man als Elternteil etwas falsch gemacht hat.

Viel zu oft belohnen wir ein Kind, geben ihm etwas Süßes, weil wir etwas falsch gemacht haben. Das Kind verinnerlicht auf diese Weise ein Belohnungssystem, das darauf basiert, emotionalen Schmerz mit materiellen Dingen aufzufüllen. *Süßigkeiten oder ein neues Spielzeug heilen keine seelischen Wunden. Hören wir auf, unsere Kinder zu bestechen. Die Seele ist nicht käuflich, und Liebe hat keinen Preis.*

Haben wir als Erwachsene versprochen, dass uns in Zukunft die Hand nicht mehr ausrutschen wird, müssen wir uns daran halten. Kinder sind aufgrund ihrer eigenen, natürlichen Loyalität sehr sensibel gegenüber gebrochenen Versprechen.

Erziehung ist Teamwork, bei dem die Kinder Mitspracherecht besitzen sollten. Sie wissen, was sich (energetisch) gehört und was (emotional) gut für sie ist. Dazu zählt das Einfordern von Zärtlichkeiten und Liebe: »Du hast mich heute noch gar nicht richtig gedrückt.« Aber auch das Erkennen und Benennen von Lieblosigkeit: »Das war jetzt aber ohne Liebe gesagt.« Ein Eis dürfen wir dem Kind verweigern – die Liebe bitte nicht!

Diese Abmachung finde ich besonders berührend: Eltern und Kinder dürfen sich gegenseitig auf vorhandene Lieblosigkeiten hinweisen. Vergreift sich einer der beiden im Ton, wird das kenntlich gemacht.

Mutter: »Räumst du bitte dein Zimmer auf? Das sieht ja aus wie im Saustall!«

Kind: »Deine Stimme ist ohne Liebe.«

Mutter: »Entschuldige bitte, du hast recht.« (Sie sammelt sich und kniet sich vor dem Kind hin.) »Es würde mich freuen, wenn ich sehen würde, wie sauber und ordentlich du sein kannst, denn ich weiß, dass du das kannst.«

Kind: »Ich will aber gerade nicht – ich brauche das alles noch.«

Mutter: »Und wenn ich dich ganz lieb bitte?« (Sie streichelt ihm den Bauch.)

Kind: »Na gut.«

Die Wirkung ist das gegenseitige Stützen und Halten der Liebe.

Die modernen Zeiten verlangen uns viel ab. Leistung ist so wichtig geworden, dass Liebe immer weniger Raum einnimmt. Das sollten wir ändern – *mit* unseren Kindern, nicht ohne sie.

Die Geburt eines Kindes ist leider der häufigste Grund für eine Trennung in den ersten Ehejahren geworden. Die Bedürfnisse der Erwachsenen werden in den Hintergrund gedrängt, um der Bedürftigkeit des Säuglings Platz zu schaffen. Mit der Geburt eines Kindes scheint nicht nur ein neues Lebenslicht auf Gottes Erde – die Schatten der eigenen Kindheit treten bei den Eltern ebenfalls hervor. Das Leben der jungen Eltern wird nun von ihrem Baby bestimmt: essen, wickeln, spielen, schlafen, wickeln, essen, baden, wickeln, schlafen, essen und immer so weiter und so fort. Der Dank, der einem diese Stunden versüßt, reduziert sich meist auf ein Lächeln, dem kurz darauf stundenlanges Schreien folgt.

Das Leben der Eltern dreht sich fortan um das Kind. Jedes noch so kleine, ungestillte Bedürfnis der Eltern wird unbarmherzig an die Oberfläche gezerrt, mitsamt den dazugehörigen Gefühlen der Wut, Angst und Enttäuschung.

Viele ertappen sich dabei, wie sie sich vor dem Partner oder Kind wie die eigene Mutter oder der eigene Vater verhalten. Die tief verinnerlichten Abwehrstrategien der Eltern werden in der vergleichbaren Situation aktiviert. Warum? Weil bislang die Erfahrung fehlte, welche Strategie besser wäre. Jede Strategie ist besser als gar keine Strategie. Irgendetwas müssen wir tun, wenn eine Belastung emotional zu stark wird. Dafür wählen wir (bewusst) die Methode, die uns gut vertraut ist, oder (unbewusst) jene, die zu der Situation passt.

Die Eltern-Kind-Beziehung ist prägend für das ganze Leben. Empathie ist hierbei tragend; sie verbindet die Eltern mit ihrem Kind. Sie fühlen mit ihm und können wortlos verstehen, was in ihm vorgeht. Empathie verlangt zwei Dinge:

1. Emotionale Ausgeglichenheit

Nur wer nicht selbst von seinen (negativen) Gefühlen gefangen gehalten wird, vermag die feinen Stimmungswellen eines anderen Menschen zu empfangen.

2. Emotionale Nähe

Wer eine Person innerlich ablehnt, kann nur schwer mit ihr fühlen. Je wärmer wir für eine andere Seele empfinden, desto stärker

liegt uns ihr Wohl am Herzen und desto empathischer fühlen wir mit ihr.

Empathische Eltern sind also emotional ausgeglichen und fühlen sich ihrem Kind nahe. Dies ist der ideale Nährboden, auf dem ein Kind gedeihen kann.

In einer gesunden Entwicklung empfindet sich ein Mensch als wertvoll und sinnvoll. Anders ausgedrückt, empfindet er sich als »unterstützenswert« und nützlich. Diese Attribute sind verinnerlicht und tragen ihn durch sein ganzes Leben. Ein solcher Mensch ist von Natur aus motiviert und hilfsbereit. Das Gefühl, es wert zu sein, Hilfe zu bekommen, ist äußerst bedeutungsvoll. Es stärkt eine Fähigkeit von uns Menschen, die ich als »Eigenresonanz« bezeichne. Damit ist die Fähigkeit gemeint, aus seelischen, finanziellen oder körperlichen »Erschütterungen« im Leben gestärkt hervorzugehen, vergleichbar unseren Knochen, die an jener Stelle, an der sie gebrochen wurden, nie wieder brechen werden. Es ist auffällig, dass seelisch, finanziell oder körperlich »gebrechlichen« Menschen dieses Gefühl, unterstützenswert zu sein, fehlt und damit auch die Eigenresonanz.

Der Säugling fühlt sich vor und auch nach der Geburt mit seiner Mutter eins. Die Mutter ist seine Welt, und sie ist gut. Die geistige Abnabelung von der Mutter und damit einhergehend die Entdeckung des Ichs sollte schonend erfolgen. Wird der Säugling zu früh oder zu oft aus dieser »paradiesischen Einheit« verstoßen und mit seinen Bedürfnissen allein gelassen, entwickelt er eine ängstliche Haltung der Welt und eine negative Haltung dem Ich, also dem Ego, gegenüber. Allein zu sein ist dann schlecht. Ein Ich zu sein ist schlecht. Die Welt erscheint mal gut, mal schlecht. Die Wertung hilft zu erkennen, wann sie gut ist und wann schlecht … So setzt sich ein Muster fest, welches zeit des Lebens das Menschsein wesentlich bestimmt: die empfundene Trennung zur Welt und das Hadern mit dem Ego.

Bindungsängste

In der heutigen Zeit wird uns suggeriert, es sei gefährlich, sich fest zu binden. Wie bei den Handy-Verträgen, Urlaubsangeboten und Wohnungsinseraten wartet das bessere Angebot nur einen Mausklick weiter. Dieses Denken und beständige Bestreben, das Allerbeste für sich selbst zu buchen, hat sich schon lange auf unsere Partnersuche ausgeweitet.

Die Wegwerfmentalität der modernen Industrie hat unsere Beziehungen infiziert. Warum ein Handy oder eine Beziehung reparieren, wenn wir es bzw. sie gegen das neuere und bessere Modell eintauschen können? Wir umschiffen tiefere Gefühle oder fahren einfach über sie hinweg. Wir lassen uns erst gar nicht auf eine echte Bindung ein, denn wer weiß, wie schnell wir weitermüssen, dem nächsten, besseren Angebot folgend?

Woher kommt dieses Muster, unter dem so viele Menschen leiden? Die prägende Phase für jede Form der Beziehung ist die Bindung zu den eigenen Eltern. Ein Vater, der uns ängstigte, eine Mutter, die mal versorgend, mal rachsüchtig über uns wachte ..., all das fließt als Erfahrung in unsere aktuelle Beziehung mit ein.

Wir haben Angst vor der Tiefe unserer Gefühle – aus Angst, erneut verletzt zu werden. *Die Angst vor der wahren Liebe ist so groß, weil sie viele von uns nie erlebt haben.* Wahre, bedingungslose Liebe ist mit altem Schmerz und Kummer verknüpft. Darum fällt es uns so schwer, uns auf die Liebe einzulassen.

Abhängigkeiten und tiefe Verbindungen wurden in der Kindheit oft als etwas Bedrohliches erfahren. Das lässt die Betroffenen auch als Erwachsene vor Nähe und emotionaler Verbundenheit zurückschrecken.

Bindungsängstliche zeigen oft eine alte, tiefe Verletzung in ihrem Energiekörper, eine seelische Wunde. Dieser Teil ihres Herzens meint, sie würden früher oder später sowieso verlassen. Dieses erneute Fühlen des alten Schmerzes wird durch den emotionalen Sicherheitsabstand zu allen Menschen verhindert. Sie wollen nie wieder so tief gekränkt und enttäuscht werden wie einst.

Erkennen können wir Bindungsängste an dem Wunsch nach Freiheit, der durch die Nähe zum Partner heftiger wird. Menschen mit Bindungsängsten fühlen sich in Liebesbeziehungen rasch eingeengt. Viele wissen gar nicht, was ihr Problem ist. Anstatt die Ursache bei sich und der Bindungsangst zu suchen, behaupten viele, sie hätten den Richtigen oder die Richtige einfach noch nicht gefunden.

Dabei senden die Betroffenen Doppelbotschaften aus, zum Beispiel in Sätzen wie diesen: »Du weißt, dass ich dich liebe, aber es gibt auch noch andere Dinge in meinem Leben«, »Lass uns einfach die Zeit zusammen genießen – was willst du denn noch?«, oder: »Ich will mich nicht festlegen, obwohl ich dich liebe.«

Das Zusammenziehen ist mit großen Ängsten verknüpft. Betroffene pendeln zwischen Nähe und Distanz zum Partner. So folgt einer leidenschaftlichen Nacht tagelanges Schweigen. Die Suche nach Wärme und Nähe löst bei Bindungsängstlichen einen Fluchtreflex aus. Fühlt sich ein Bindungsängstlicher zu sehr von seinem Partner bedrängt, macht er Schluss. Ohne den Partner fühlt er sich allein, worauf gerne eine Wiederannäherung folgt. Das Wechselbad der Gefühle nimmt seinen Lauf.

Der innere Konflikt zwischen dem Bedürfnis nach Freiheit und Nähe ist durchzogen von Ängsten, die eine noch tiefer liegende Wunde umhüllend schützen. Die Heilung dieser Urverletzung steht an erster Stelle. Die Ängste um diese Wunde herum verhindern nur den Kontakt; sie sind nicht die Ursache der Bindungsstörung, sondern eine Folge der Verletzung. Diesen Widerstand zu überwinden, um die alte Wunde zu fühlen, ist der erste Schritt. Fühle tief in dein Herzchakra hinein und erlaube, dass der wunde Punkt in dir sich zeigen darf. Drücke in der Vorstellung den Finger auf diesen wunden Punkt, bis es wehtut.

Erlaube nun, dass dieser Punkt heilen darf. Hierbei darfst du so viel Willenskraft einsetzen, wie du kannst. Denn ein anderer Teil in dir wird vehement behaupten, dass diese Wunde nicht heilen soll. Setze dich ihm gegenüber durch. Jedes erforderliche Hilfsmittel ist erlaubt. Du kannst die Wunde in deiner Vorstellung zunähen, zukleben, Balsam darauf streichen und einen Verband darum legen. Wichtig ist, dass danach kein Schmerzreiz übrig bleibt, wenn du die Stelle der alten Wunde berührst. Eine Narbe darf bleiben, aber sie sollte nicht schmerzen.

Ohne diese Verletzung wirst du dich einer tiefgehenden Liebesbeziehung gewachsen fühlen.

Sanfte Trennung

Eine Liebesbeziehung ist dadurch definiert, dass zwei Personen auf die Erfüllung der Bedürfnisse beider hinarbeiten. Sobald einer der beiden mehr auf das eigene Wohl als auf das Wohl des anderen fixiert ist, beginnt eine Liebesbeziehung auseinanderzudriften.

Das ungleiche Geben und Nehmen – das eigentlich für beide in ausgeglichenem Verhältnis stattfinden sollte – wird in der Aura sichtbar. Der Gebende strahlt seinen Partner noch immer mit seiner Energie an und versucht, seine Aura für die Energien des anderen zu öffnen. Aber der Nehmende hat sein Feld geschlossen und behält seine Energien lieber für sich.

Viele ziehen ein Nebeneinanderherleben der klaren Trennung vor. Diese Haltung kann ich nicht teilen, da ein halbes Leben auch nur halbes Glück bedeutet, sowohl für das Paar, das diesen Kompromiss lebt, als auch für die Menschen, die mit diesem Paar leben müssen.

Der Prozess einer Trennung beginnt und endet bei der Energie. Dazwischen liegen Worte, Taten und Klärungsversuche des Paares.

Erfahrungsgemäß gibt es fünf unterschiedliche Stufen, die auf das Ende einer Beziehung hinweisen. Da wir die Trennung im Geiste vorwegnehmen, ist energetisch sichtbar, wie nahe sich zwei Menschen stehen oder wie nahe sie der Trennung sind.

Stufe	Anzeichen	Bezeichnung	Beschreibung einer Trennung
1	Schwach	Widerstand	Es beginnt damit, selbst in kleinen, unbedeutenden Dingen anderer Meinung zu sein. Die ablehnende oder gar gereizte Haltung den Meinungen oder Wünschen des Partners gegenüber dient dem Abbau von Aggressionen, die in Wahrheit dem Partner gelten.
2	Mittel	Schuldzuweisung	Der Partner wird zunehmend als der Hauptgrund für die Unzufriedenheit im Leben empfunden. Eine Person, die zuvor eine Quelle der Freude und Liebe war, ist jetzt ein Quell der Empörung. Vorwürfe und Rechtfertigungen, Kritik und Gegenkritik nehmen immer weiter zu. Beide Seiten versuchen, sich gegenseitig die Schuld für die eigene Unzufriedenheit zuzuschieben.
3	Mittel	Verachtung	Wurde die Schuld auf den Partner übertragen, nehmen Verachtung, Zynismus und Sarkasmus immer weiter zu. Kommentare zielen immer öfter darauf ab, den Partner zu verletzen. Gelingt es, die negativen Gefühle herauszulassen, wird die Liebe zum Partner bereinigt. Scheitert die Selbstreinigung der Seele, geht die Beziehung geradewegs ihrem Ende zu.
4	Stark	Rückzug	Emotional verschließen sich beide Partner voreinander; sie bilden wieder einzeln getrennte Wesen. Die Kommunikation wird auf ein Minimum heruntergefahren; Blickkontakte werden vermieden. Zuletzt wird der Partner ignoriert, bis er sogar einer Frage oder Antwort unwürdig erscheint.

5	Stark	Macht-demonstra-tion	Haben sich beide Parteien in ihre Trutzburg zurückgezogen, ohne dass eine räumliche und damit finale Distanzierung möglich wäre, beginnt die Schlammschlacht, die auch eine schlechte Scheidung definiert. Der Mann entzieht der Frau seine finanziellen Mittel und prahlt zugleich, indem er sich ein neues Handy kauft. Die Frau entzieht dem Mann jede körperliche und emotionale Zuwendung, aber verbringt viel Zeit mit ihren Freundinnen und der Verwandtschaft. Drohungen werden lauter. Die Freunde, das Auto, die Kinder und das Haus werden bei diesem Poker in den Mittelpunkt gestellt. Es ist der missratene Versuch, den Partner mit der Macht, die man über ihn hat, wieder gefügig zu machen. Da die Gefühle längst an die zweite oder dritte Rangstelle gerutscht sind, geht es vordergründig nur noch um Dinge, die eine Trennung notwendiger erscheinen lassen. Die Machtdemonstration macht alles nur noch schlimmer.

Eine Trennung macht uns Angst. Freunde und Familien müssen aufgeteilt werden; Güter und Vermögen werden getrennt. Aber vor allem der soziale Hintergrund, die gemeinsamen Freunde, sind ein schwieriges Feld, das meiner Erfahrung nach nur allzu oft den Frauen überlassen wird. Viele Männer geben nach einer Trennung den gesamten gemeinsamen Freundeskreis auf und verlieren damit jeden sozialen Halt.

Bei einer Trennung kommt es naturgemäß zu Schuldgefühlen bei demjenigen, der die Trennung stärker wünscht und ausspricht. Er verursacht Leid bei denjenigen, die er einstmals liebte und auch jetzt noch liebt. Diese Schuldgefühle verleiten dazu, großzügig sein zu wollen.

Fallbeispiel
Das Land der Kindheit brennt

Ein Geschwisterpaar, Margit und Torben, suchte meine Praxis auf; sie sahen sich in der Tat so ähnlich, als würde der gleiche Mensch zweimal vor mir sitzen, einmal als Frau und einmal als Mann. Von frühester Kindheit an hatten die beiden Geschwister gegen die Welt der Eltern und Lehrer rebelliert. Als Rückzugsort wählten sie ein Land, das sie mit ihrer Fantasie erschufen – eine Welt, die nur sie betreten und verändern konnten. Das Land trug den Namen Ifondor, und es war ausgestattet mit sämtlichen Klimazonen, schwarzen und weißen Wesen sowie Wäldern und Felsen des Lichts und des Schattens. Dank ihrer ungebrochenen Vorstellungskraft und der emotionalen Bedeutung dieses Fantasielandes hatten sie Ifondor über Jahre hinweg aufgebaut. Doch erst im Erwachsenenalter, als die Geschwister getrennte Wege gingen, hatte Ifondor eine Art Eigenleben gewonnen. Die Fantasiewelt war insofern real geworden, als dass sie den emotionalen Zustand der beiden spiegelte.

Die beiden Geschwister lebten weit voneinander entfernt. Reagierte jedoch einer der beiden emotional auf ein Ereignis, brannte es in Ifondor plötzlich lichterloh. Über Ifondor konnten die beiden miteinander kommunizieren, aber sie wussten nicht warum.

Während der Sitzung holte Margit ihren Schatz alter Fotos hervor, die sie mit Worten und Erinnerungen zum Leben erweckte. Die Familie war früh in Schwierigkeiten geraten; die Scheidung der Eltern hing in der Luft, und die gefühlte Kluft zwischen ihr und ihrem Bruder war mit den Jahren immer tiefer geworden. Beiden war das unerklärlich; denn so groß das Feuer im Fantasieland ihrer Kindheit war: Niemanden traf objektiv die Schuld. Woher stammten diese Flammen? Und mit welchen Gefühlen standen sie in Verbindung?

Um diese Frage zu beantworten, schauten wir uns gemeinsam Ifondor an. Bislang hatte niemand außer ihnen diese Welt betreten. Doch was aus Energie gebaut wird, können auch andere fühlen und sehen. Wir traten bis an den Rand der lichterloh brennenden Felder. Hinter uns lag eine alpenähnliche Region mit schneebedeckten Bergen und Kuppen. Vor uns lag eine Steppe, die vollständig brannte. Dicke Rauchschwaden hingen in der Luft, wodurch der Wald dahinter nur erahnt werden konnte.

Ich forderte die beiden auf, die Flammen vor uns zu berühren und die Gefühle zu beschreiben, die dabei in ihnen aufstiegen. Margit behauptete, das Feuer sei nicht von ihr, Torben habe es gelegt. Torben wiederum meinte, er fühle eine brennende Wut, wenn er das Feuer berühre, wisse aber nicht warum.

Auf mein Anraten hin ließ er die Impulse der Wut weiter zu. Er wolle jemanden schlagen, sagte er jetzt; und auf die Frage wen, sagte er mit plötzlich weit aufgerissenen Augen: »Meine Schwester!«

Wir gingen der Wut auf den Grund, und Torben erkannte, dass er sich verletzt fühlte, seitdem Margit aus seinem Leben gegangen war. Es erinnerte ihn an die Trennung ihrer Eltern, die zwar nie offiziell wurde, aber räumlich vollzogen war. Die Eltern leben in verschiedenen Städten. Als Geschwister hätten sie sich wortlos geschworen, immer füreinander da zu sein. Er fühlte sich hintergangen und gab seiner Schwester unbewusst die Schuld an seinen Gefühlen der Einsamkeit und Enttäuschung.

Mit jeder Welle des alten Schmerzes aus Wut, Enttäuschung und gekränkter Liebe verringerte sich das Feuer in der Steppe mehr und mehr. Als sich die beiden versöhnlich umarmten, war aus dem Steppenbrand wieder eine kniehoch bewachsene Grasfläche geworden.

Geschwisterkonflikte

Die Geschwisterliebe war für Sigmund Freud ein Leben lang düster und unheimlich. Geschwister waren für ihn Konkurrenten und Peiniger – ein Bild, das sicher gefärbt war von seinen eigenen Erfahrungen als Kind. Der Anfang vieler psychologischer Karrieren ist bekanntlich eine schlimme Kindheit.

Selbstverständlich teile ich diese düstere Meinung Sigmund Freuds nicht. Auch die verbreitete Vorstellung, ein Geschwisterchen würde den amtierenden Kinderkönig vom Thron stoßen, halte ich für einen Mythos. In einer gesunden Familie ist die Geburt eines Kindes immer positiv für alle Beteiligten – die Geschwister eingeschlossen. *Neid und Liebesmangel wegen des Neugeborenen entstehen nur in einem bereits von Mängeln und Neid geprägten Umfeld.*

Aus meiner Sicht liegt das Besondere der Geschwisterbeziehung in ihrer Neutralität. Geschwister sind für uns energetisch neutral. Wir projizieren von Natur aus weniger Bedürfnisse auf sie, das heißt, wir machen sie weniger für unsere empfundenen Mängel verantwortlich.

Ganz anders die Eltern: Die Versorger und Ernährer der Familie sind de facto für die Bedürfnisse ihrer Kinder verantwortlich. Kommen sie dieser Verantwortung nicht nach, halten es ihnen die Kinder bewusst oder unbewusst ein Leben lang vor. Die Beziehung zu den eigenen Eltern ist also stark von gestillten und ungestillten Bedürfnissen geprägt; das macht diese Beziehung so instabil und emotional.

Unsere Bedürfnisse führen zu Erwartungen, und Erwartungen können enttäuscht werden. Kleine Bedürfnisse führen zu kleinen Erwartungen, die selten enttäuscht werden. Große Bedürfnisse ziehen große Erwartungen nach sich, die schwer enttäuscht werden können.

Die Geschwister sind nicht die Versorger und Ernährer; wir nehmen sie neutral wahr, das heißt, wir projizieren weniger Bedürfnisse auf sie. Dadurch können wir sie freier lieben, freier hassen, freier bemitleiden und freier Angst vor ihnen haben. Geschwister sind neutrale – weniger von eigenen Projektionen eingefärbte – Spiegel unserer Gefühlserfahrungen.

Ein kranker Bruder ist leichter hinzunehmen als ein kranker Vater. Der Vater ist Beschützer und Ernährer der Familie. Als sein Kind ist es unser Wunsch, der Vater möge fit und gesund sein. Bei unserem Bruder ist es erfreulich, wenn er fit und gesund ist, aber es ist nicht zwingend erforderlich. Er ist für das Bedürfnis, zu spielen und Gemeinschaft zu erleben, zuständig, aber nicht für den Schutz und die Ernährung der Familie.

Aus diesem Grund sind die Geschwister für unsere seelische Reife bedeutsam. *In der Erziehung des Kindes kommt den Geschwistern der gleiche Rang zu wie den Eltern.* Geschwister lieben mit, wüten mit, spielen mit, beneiden und meiden einander. All diese Muster färben auf das Kind ab und sind Teil des Erziehungsprozesses, an dessen Ende ein Mensch steht, der durch die vielschichtigen Gefühlserfahrungen auf das Leben vorbereitet wurde.

Anders als bei den Freunden und Eltern kann ein Geben und Nehmen mit den Geschwistern neutral erfahren werden. Geben aus der Fülle, ohne Gegenleistung oder Druck, ist eine Erfahrung, die nirgendwo besser als mit den Geschwistern gemacht werden kann. Jede andere Beziehung in unserem Leben wird stärker von unseren eigenen Bedürfnissen geprägt sein. Jeder Freund, jede Tante, jeder Mensch, den wir zufällig auf der Straße treffen, ist stärker in unseren Prozess der Projektion und Gegenprojektion eingebunden als die Geschwister.

Dies ändert sich erst, wenn die Beziehung zu den Eltern als Versorger gestört ist. Jetzt kann es durchaus zu der Empfindung kommen, die Freud so düster beschrieben hat: die eigenen Geschwister als Rivalen im Kampf um die Liebe der Eltern.

Gesund sein

⸙ Krankheiten sanft heilen ⸙

» Von allen Erkenntnismöglichkeiten steht der Rationalismus auf der untersten Stufe.«

Carlos Castaneda

Eigenresonanz

Das Leben folgt nichtlinearen Gesetzen, die viele Menschen nicht verstehen. Mehr ist nicht immer mehr, und weniger nicht zwingend weniger. Doppelt so viel Geld bringt nicht doppelt so viel Nutzen; es kann zu dreifach größerem Schaden führen, als kein Geld zu haben. Wer eine Millionen Euro besaß, kann tiefer in der Kreide stehen als jemand, der nie einen Cent besessen hat.

Der Nutzen und Schaden von Geld ist nicht linear; ebenso verhält es sich in der Medizin. Doppelt so viel von einer Medizin einzunehmen, zeigt nicht doppelt so großen Nutzen; es kann dich sogar umbringen. Und weniger arbeiten bedeutet mehr Lebensqualität. Zudem darf das Ausbleiben einer Bedrohung niemals mit der Nichtexistenz der Bedrohung verwechselt werden. All das ist Nichtlinearität.

Viele Menschen ängstigen sich vor diesem Prinzip, weil sie es nicht verstehen und mit Chaos verwechseln. Darum möchte ich es verdeutlichen und seinen großen Nutzen demonstrieren. Über die nichtlinearen Gesetze im Kosmos habe ich dabei etwas entdeckt, was ich »Eigenresonanz« nenne. *Eigenresonanz bedeutet, stärker aus einer Krise hervorzugehen.* Es ist nicht zu verwechseln mit dem psychologischen Begriff der »Resilienz«, also der Fähigkeit von manchen Menschen, gut mit traumatischen Erfahrungen wie Autounfällen oder Kriegsgeschehen umzugehen. Nein, die Eigenresonanz bezeichnet die Fähigkeit eines Menschen, sich so stark auf sein Inneres zu besinnen, dass er die Schatten seiner Seele wie Kohlestücke verbrennt. *Dank Eigenresonanz werden wir stärker durch Geschehnisse, die uns schwächen wollen.* Wir halten sie nicht nur aus, wir wachsen an ihnen. Jeder Schlag, der uns trifft, macht uns stärker, jeder Widerstand, auf den wir treffen, erfolgreicher.

Es ist auffällig, dass psychisch belasteten Menschen oft das Gefühl fehlt, unterstützenswert zu sein, wodurch es ihnen auch an Eigenresonanz mangelt; diese hängt mit dem Selbstwert zusammen, geht aber darüber hinaus. Misst der Selbstwert, wie hoch du dich schätzt, entspricht die Eigenresonanz deinem Vermögen, in dich selbst zu investieren.

Bei einer Firma entspräche der Selbstwert dem Umsatz; ist sie unterstützenswert, besitzt sie Kreditwürdigkeit. Die Eigenresonanz ermöglicht Gewinne einer Firma auch in Zeiten wirtschaftlichen Abschwungs. An diesem Beispiel sehen wir, wie selten Eigenresonanz in unserer Gesellschaft existiert. Sie strebt nach Stabilität, welche nur durch wirtschaftliche Abhängigkeiten möglich ist, die unsere Eigenresonanz schwächen. Das ist vergleichbar mit der Vorstellung, du könntest deine gute Laune stabilisieren, indem du dich extrem abhängig von den Launen anderer Menschen machst. Wer das tut – und wir tun es alle in gewissem Rahmen –, wird schnell erfahren, welche Sisyphusarbeit auf ihn wartet. Selbst wenn es einmal allen gleichzeitig gut gehen sollte, ist diese gute Laune nur von kurzer Dauer.

Die Eigenresonanz zu erhöhen bedeutet, durch psychische und physische Belastungen zu wachsen, anstatt durch sie zugrunde zu gehen.

Hier sind vier Regeln, die deine Eigenresonanz erhöhen. Wer sich im Detail für das Thema interessiert, dem sei zudem die gleichnamige DVD und Meditations-CD empfohlen: »Eigenresonanz – Mehr Energie für Körper, Geist und Seele.«

Regel Nummer 1:
Aus Fehlern wird man klug

Das Ignorieren kleiner Fehler ist der größte aller Fehler. Viele kleine Fehler summieren sich zu einem ganz großen. Umgekehrt vermeiden wir die Katastrophe, wenn wir uns früh und schnell genug irren. Wir müssen wieder lernen, uns irren zu dürfen. Makellos zu sein ist ein Anspruch, der an der Realität vorbeigeht.

- Fehler sind Informationen.
- Wer Fehler vermeidet, verringert sein Wissen.
- Viele kleine ignorierte Fehler führen zu einem großen.
- Irre dich so früh wie möglich. Gestehe deine Fehler schnellstmöglich ein.
- Schütze dich nicht vor Fehlern, sondern lerne aus ihnen.
- Viele kleine Fehler, die du bemerkst, verhindern die große Katastrophe.

Regel Nummer 2:
Strebe nicht nach dem Guten, sondern meide das Schlechte

Das Gute entsteht durch die Abwesenheit des Schlechten. Gesundheit ist die Abwesenheit von Krankheiten. Die Wahrheit bleibt übrig, wenn wir aufhören zu lügen. All diese Weisheiten haben einen gemeinsamen Kern: Strebe nicht nach dem Guten, sondern lass das Schlechte einfach weg.

Nehmen wir an, du hättest die Wahl: Entweder du bist superreich, hast aber auch immense Fixkosten, oder du bist durchschnittlich vermögend, dafür aber ohne Fixkosten. Wofür würdest du dich entscheiden? Die meisten Menschen entscheiden sich für superreich – und stehen damit finanziell auf einem Bein.

Sie wählen einen instabilen Zustand. Der Reiche ist anfällig für jede Form der Störung, während derjenige ohne Fixkosten festen Boden unter den Füßen hat. Bleibt ein Gehalt aus oder kommt es zu einer Wirtschaftsflaute, ist der Reiche mit den enormen Fixkosten ganz schnell arm, der ohne Fixkosten nicht.

Keine Nachteile zu haben ist der größte Vorteil. Das ist eine Lebensweisheit, die wir auf viele Bereiche ausweiten können, auch die Partnerwahl. Für ein lebenslanges Beisammensein wiegen die Nachteile des Partners schwerer als seine Vorteile. Wer die Wahl hat zwischen einem sehr attraktiven Partner, dessen Allüren ihn etwas nerven, und einem Partner, der weniger hübsch aussieht, mit dem er sich aber wunderbar versteht, sollte Letzteren wählen.

Dieser Partner erhöht die Eigenresonanz, wodurch die Liebe durch psychische und physische Belastungen stärker werden kann, anstatt daran zu zerbrechen. Ein Partner, der keine Nachteile hat, kann zum Traumpartner werden; ein Partner, der zwar viele Vorteile, aber auch deutliche Nachteile hat, eher nicht. Eine solche Beziehung ist instabil; jede Form der Belastung kann sie zerbrechen.

- Wähle das Produkt mit den wenigsten Nachteilen für dich und nicht das mit den größten Vorteilen; das gilt besonders für Medikamente, Nahrungsergänzungsmittel und Diäten.
- Statt angestrengt gut zu dir zu sein, vermeide es, schlecht mit dir umzugehen. Du fühlst dich automatisch besser, sobald du aufhörst, deine Gefühle zu unterdrücken.
- Eine gute Tat macht eine Sünde nicht wett. Scheinheiligkeit hat noch niemandem geholfen. Wenn du die Wahl hast, verzichte lieber auf das Gute, als die böse Tat zu begehen. Du musst kein Engel sein; es reicht, wenn du aufhörst, dich wie ein schlechter Mensch zu verhalten.

Regel Nummer 3:
Verbrüdere dich mit dem Zufall

Es ist schwer zu glauben, aber Chaos und Chaos ergibt Ordnung! Chaotische Systeme – willkürlich schwingende Pendel, hüpfende Bälle oder Wassertropfen – reihen sich einer tieferen Ordnung ein, sobald ein weiteres Stück Chaos dem System hinzugefügt wird. Die ungleichmäßigen Bewegungen werden durch ungleichmäßige Impulse kompensiert. Das große Chaos wird durch Impulse des kleinen Chaos abgefedert.

Chaos lässt sich stabilisieren, indem wir ihm weiteres Chaos hinzufügen. Das ist Eigenresonanz. Etwas wird stabiler, wenn wir seinem Muster mehr von seinem Muster hinzufügen.

Denken wir beispielsweise an die Eigenbluttherapie, die Homöopathie oder die Akupunktur. Das Chaos wird nicht zur Ordnung, indem etwas Chaos weggenommen wird, sondern indem mehr Chaos hinzugefügt wird. Minus und Minus ergibt auch hier Plus.

Wie können wir das für unser Leben nutzen? Viele Menschen halten sich beispielsweise starr an ihre Diäten, versuchen über das Essen ihren Körper und Geist zu regulieren. Wehe, sie fahren in den Urlaub oder das benötigte Produkt ist nicht verfügbar; dann gerät die Verdauung aus den Fugen, und die gute Laune ist dahin. Dabei ist Chaos auf dem Teller gesund! Wechsle willkürlich deine Nahrungsaufnahme, um deinen Körper und deine Sinne zu erstaunen: Montag vegan, Dienstag vegetarisch, und Mittwoch ist Fasten an der Reihe.

Bringen wir ein wenig Chaos in unser starr gewordenes Leben, um das Feuer neu zu zünden!

- ☺ Überrasche dich selbst. Versuche, jede Woche etwas zu tun, was du noch nie getan hast, und sei es beispielsweise, an einem Platz in deiner Wohnung zu essen, an dem du sonst nie isst.
- ☺ Überrasche deinen Körper. Beim Sport gilt es, die Muskeln auf immer neue Weise zu stimulieren. So ist ein maximaler Trainingseffekt garantiert.

☉ Nutze die chaotische Ordnung. Versuche erst gar nicht, deine Wohnung aufzuräumen, wie du es gelernt hast. Schau, wie deine Wohnung es dir rät, die Dinge in ihr zu sortieren. Vielleicht ist es praktischer, die Bücher unter dem Bett zu stapeln als im Regal, und die Stifte im Korb von der Decke hängen zu lassen.

☉ Hör auf, dein Leben in Ordnung zu bringen, sondern lass dich vom Leben neu sortieren. Das macht Spaß und ist effizienter. Widerstand macht hart und alt.

Regel Nummer 4:
Je größer die Arbeit, desto wichtiger die Pause

Die Gesellschaft fordert uns heutzutage jeden Tag auf, über unsere Grenzen zu gehen. Dieser Herausforderung ist kaum jemand gewachsen.

Immer mehr Menschen zeigen die bekannten Symptome aus Kraftlosigkeit, Erschöpfung und unruhigem Schlaf. Viele werden krank. Brennt ein Mensch innerlich aus, ist das kein Ausdruck von Schwäche; es ist vielmehr der gesunde Lösungsversuch eines Menschen, der ein Leben lebt, das seiner Eigenresonanz widerspricht.

Wer tief in seinem Innersten bereits erschüttert wurde, gerät schneller in diesen stressbedingten Strudel. Immer mehr Menschen machen immer mehr. Der Selbstverwirklichung über Leistung ist keine Grenze gesetzt. Weil diese Grenze verwischt, gibt es keinen Halt und kein Halten mehr.

Zieht die Seele die Notbremse, ist das durchaus positiv zu sehen. Darum ist es so wichtig, ebenso viel Freizeit wie Arbeitszeit zu haben, auch wenn wir dafür auf Einkommen verzichten.

Die Qualitäten im Leben sind wichtiger als die Quantitäten, also der Besitz. Viele Menschen arbeiten, um sich Dinge zu kaufen, die wiederum viel Geld für die Instandhaltung verschlingen. So dreht sich das Karussell immer weiter und schneller.

- Halte bewusst inne in der Hektik des Alltags. Nutze zum Beispiel die Mittagspause als heiligen Raum, um dich zu »entschleunigen« und deine Kräfte zu sammeln.
- Lass im Urlaub die Arbeit zu Hause, damit du ihn wirklich als Auszeit wahrnehmen kannst.
- Stille deinen Hunger in Stille, iss also nicht nebenbei, während du vor dem Fernseher sitzt, sondern genieße bewusst alle Düfte und Aromen.

Erhöhung der Eigenresonanz im Überblick

1	**Fehler machen klug!** Viele kleine Fehler vermeiden den ganz großen.	**Emotional:** Schäme dich nicht für deine Schwächen, sondern lerne aus ihnen.
2	**Strebe nicht nach dem Guten, sondern meide das Schlechte!** Verluste zu reduzieren ist wichtiger, als Gewinne zu erzielen.	**Emotional:** Löse die negativen Gefühle auf, anstatt die positiven Gefühle anzustreben.
3	**Verbrüdere dich mit dem Zufall!** Je seltener ein Ereignis, desto größer sein Effekt. Nutze den Zufall, statt sein Opfer zu sein.	**Emotional:** Spiele kreativ mit dem Problem, das dich bedrückt, herum. Trau dich, in der Meditation neue, verrückte Sachen zu wagen, vielleicht stößt du auf Gold.
4	**Je größer die Arbeit, desto wichtiger die Pause!** Pausiere so viel, wie du arbeitest.	**Emotional:** Arbeite intensiv an einem Problem, dann lass es los und kümmere dich ebenso lange nicht mehr darum.

Partnerschaft: Unsere Schwäche für den Partner ist die einzige Stärke, die wir brauchen. Gestehe deinem Partner deine Mängel so früh wie möglich ein.	**Finanziell:** Verluste dienen der Marktanalyse. Lieber frühe, kleine Verluste als ein hinausgezögerter Bankrott.
Partnerschaft: Für das Glück im Alltag wiegen die Nachteile des Partners schwerer als seine Vorteile.	**Finanziell:** Keine Nachteile zu haben ist der größte Vorteil. Die Fixkosten zu senken ist essenzieller, als den Gewinn zu maximieren.
Partnerschaft: Routine ist Gift für jede Beziehung. Immer den gleichen Trott im Bett und im Leben hält niemand lange aus.	**Finanziell:** Ist dein Geld sicher angelegt, nimm einen kleinen Teil und setze ihn auf hochspekulative Projekte. Dein potenzieller Verlust sollte gering, doch dein potenzieller Gewinn möglichst hoch sein.
Partnerschaft: Ebenso viel Zeit wie man zusammen verbringt, sollte jeder für sich alleine verbringen dürfen.	**Finanziell:** Warte mit der nächsten Investition, wenn du einen großen Profit erzielt hast.

Kurieren wir uns krank?

Gesundheit ist die Summe aller Krankheiten, die wir nicht haben. Es gibt Millionen Arten, krank zu sein, aber nur eine Form der Gesundheit. Sie ist so wichtig, weil die Lebensqualität und -freude eng mit ihr verbunden sind. Bei der psychischen Gesundheit kommt der Baustein der Persönlichkeit hinzu. Was bleibt von mir übrig nach einer Psychose? Was stellt die Schizophrenie mit dem Menschen, den wir lieben, an? Wie viel von mir lässt mir eine Demenzerkrankung?

Diese Fragen treiben uns um. Doch immer mehr Menschen aus allen sozialen Schichten werden zunehmend mit Medikamenten ruhiggestellt und gegen psychische Erkrankungen behandelt, die Begleiterscheinungen der Neuzeit sind. Kinder und Jugendliche erhalten Methylphenidat gegen ihr mutmaßliches Aufmerksamkeitsdefizit-Hyperaktivitäts-Syndrom (ADHS). Die Dosierung und Medikamentierung steigt von Jahr zu Jahr.

Ein 14-jähriger Junge, der zu mir in die Praxis kam, war zu einem wahren Künstler der chemischen Feinjustierung seiner Gemütslage geworden. Glücklich war er nicht. Als Scheidungskind verstand er es genau, seine Launen mittels der Chemie gegeneinander auszuspielen – exakt wie seine Eltern es während des Scheidungskrieges taten.

Aber keiner weiß, was die Psychopharmaka mit unseren Gehirnen und Körpern anstellen. Ahnen können wir es, wenn wir die Menschen betrachten, die täglich diese Pillen schlucken. Sie sehen aufgeschwemmt aus, sind geistig wie benebelt, und oft ist die Person, die wir einmal kannten, »abwesend«.

Einer Studie aus Finnland zufolge zeigen die Pillen schädliche Effekte; sie verändern die Gehirnchemie dauerhaft und können so seelische Störungen verschlimmern oder gar erst auslösen. Patienten, die mit Neuroleptika behandelt wurden, erleiden häufiger Rückfälle als solche, die auf Medikamente verzichteten.[5] Das heißt, Neuroleptika erschweren eine dauerhafte Genesung. Ihre Chemie lindert nur – zu einem hohen Preis –, aber sie heilt nicht.

So erstaunt es nicht, wenn in armen Ländern wie Indien, Kolumbien und Nigeria psychische Erkrankungen weit glimpflicher verlaufen als im reichen Westen. Die Armen können sich keine Psychopillen leisten. Eine Langzeitstudie des College of Medicine der University of Illinois in Chicago bekräftigt diese Aussage. 15 Jahre lang wurden hier schizophrene Menschen beobachtet. 46 Prozent der Patienten, die dauerhaft Medikamente bekommen hatten, waren ohne Symptome. Doch 72 Prozent der Menschen, die auf Medikamente verzichtet hatten, waren es auch.[6] Medikamentieren wir uns krank?

Sogar der Verlust von Nervengewebe im Gehirn wurde bereits nachgewiesen. Die Gehirne der Versuchspersonen wiesen einen deutlichen Schwund in den von Neuroleptika betäubten Bereichen auf.[7] Der Körper wehrt sich gegen die Überdosierung und baut das eigene Zellgewebe ab, das für Wohlgefühl und geistige Stabilität verantwortlich ist. Kindern, die solche Präparate nehmen, drohen bleibende Schäden im Gehirn.

Das ist schlimm genug; doch noch schlimmer ist, dass die Anzahl der mit ADHS diagnostizierten und entsprechend medikamentierten Schulkinder stetig steigt. Momentan zählt jede Grundschulklasse ein Kind mit dieser Diagnose. Rolf-Ulrich Schlenker, Vizechef der Barmer GEK, spricht in diesem Zusammenhang von einer Modekrankheit: »Dieser Anstieg erscheint inflationär«, so Schlenker.[8] Uns droht eine ADHS-Epidemie mit abhängig gewordenen Kindern, die als Erwachsene, ohne ihre Medikamente, unfähig geworden sind, geradeaus zu gehen.

Unter den Argusaugen der Psychiater wachsen immer neue Formen und Arten psychischer Krankheiten heran. Nicht mehr lange, und jeder Mensch ist diagnostizierbar krank. Der Anteil der Bevölkerung, der mutmaßlich unter einer »Bipolaren Störung« leidet, ist in den Vereinigten Staaten seit dem Jahr 2000 um das Vierfache gestiegen.[9] Oft wird diese Diagnose anhand der Leistungen gestellt, die ein Mensch im Leben erbringt. Kaum fühlt sich jemand einmal schlapp und ist antriebslos, gilt er als depressiv. Sobald er wieder Rückenwind verspürt und Lust hat zu arbeiten, gilt er als manisch. So stellen Mediziner und Psychologen das Weltbild auf den Kopf. Ihre Patienten bekommen chemische Präparate, deren Notwendigkeit von den Pharmakonzernen gezüchtet wurde – Medikamente, deren Langzeitwirkung nie ausreichend getestet wurde und deren Markteinführung die Unternehmen zum Teil selbst absegnen.

Jedes Jahr kommen im DSM, dem »Diagnostic and Statistical Manual of Mental Disorders«, also Handbuch für psychische Störungen, weitere »offizielle« Krankheiten hinzu. Mit jeder Ausgabe wird die Anzahl an psychischen Krankheiten erhöht. Zum Vergleich: In der ersten Ausgabe von 1952 gab es noch 106 verschiedene Geisteskrankheiten. 1994 waren es bereits 297 psychische Störungen – das entspricht einem Zuwachs von über hundert Prozent! Aus einem schillernden Charakter wird eine Sammlung von Persönlichkeitsstörungen, aus einem feurigen Temperament eine Launenfehlregulationsstörung. Faulheit gilt bereits als Zeichen einer gestörten Gehirnchemie, die nachgebessert werden muss. Die Kosten explodieren, die Psychiatrien und Praxen sind völlig überlaufen. Eltern, Lehrer, Schüler – jeder ist überfordert, und das ist bereits die rote Karte des drohenden Burn-outs, der ebenfalls medikamentös bekämpft werden muss.

Dabei lassen sich seelische Beschwerden, im Gegensatz zu einem Bandscheibenvorfall, nicht immer klar definieren. Die Grenzen zwischen »gesund« und »krank« sind völlig fließend. Viele Künstler wären ohne ihre Absonderlichkeit weder kreativ noch berühmt. Und viele Berühmtheiten verhalten sich ganz öffentlich verrückt. Darum behaupte ich, dass keine psychische Krankheit vorliegt, solange kein Leidensdruck aufseiten des Betroffenen und keine Gefährdung seiner Umwelt existieren.

Hinter diesem Trend zur Pathologisierung aller Dinge steht die zunehmende Unfähigkeit der Menschen, mit dem Leben fertig zu werden. Unser Versuch, jede seelische Bedrängung durch eine materielle Absicherung zu umschiffen, ist gescheitert. Das war schon immer so und wird auch immer so bleiben. Leider beharren viele von uns darauf, es weiterhin zu versuchen, selbst auf die Gefahr hin, alle um uns herum mit in den Abgrund zu ziehen. Aber warum lassen sich die Konsumenten so bereitwillig pathologisieren? Vielleicht, weil selbst die schlimmste Not ihren Schrecken verliert, wenn sie einen Namen hat.

Ich persönlich glaube, dass es zur Gesundung der Seele Wärme und Nähe braucht. Diese Wärme uns selbst und anderen zu geben, sollte die wichtigste Aufgabe sein.

Lichtnahrung

Berichte über Menschen, die vorgaben, keine oder nur sehr wenig Nahrung zu sich zu nehmen, gab es schon immer. Heilige Frauen und Männer wie Beatrice von Nazareth oder Katharina von Siena sollen sich nur von der Eucharistie und ein wenig Obst ernährt haben. Im Jahre 1880 türmte sich eine Welle auf, die über ganz Europa schwappen sollte: der Beruf des Hungerkünstlers.

Der amerikanische Arzt Henry Tanner war der Erste dieser Zunft. Mit seinen Freunden schloss Tanner eine Wette ab, dass er es schaffen würde, 40 Tage lang ohne feste Nahrung zu überleben und lediglich Wasser zu trinken. Er glaubte, mit Fasten verschiedene Krankheiten heilen zu können. Darüber hinaus ging es ihm darum, die Kraft des menschlichen Willens zu demonstrieren. Für die Einlösung seiner Wette wählte er die Clarendon Hall in New York, wo er rund um die Uhr überwacht wurde. Im Laufe der 40 Tage kamen Tausende von zahlenden Besuchern, um den sogenannten »Hungerdoktor« zu sehen. Nach diesem publikumswirksamen und auch finanziellen Erfolg wurde Tanner von vielen Schaustellern kopiert, und die Welle nahm ihren Lauf.

Der völlige Verzicht auf Nahrung und Trinkwasser führt bei jedem normalen Menschen innerhalb weniger Tage zu einer lebensbedrohlichen Situation. Mittlerweile haben fast alle berühmten »Lichtesser«, also Menschen, die sich ausschließlich von Licht und Luft ernähren, eingeräumt, nicht vollständig auf Nahrung zu verzichten. Einer der glaubwürdigsten Fälle war der indische Yogi Prahlad Jani, der Behauptungen zufolge seit Jahrzehnten weder isst noch trinkt. Prahlad Jani ist der erste Lichtesser, der zwei klinischen Untersuchungen im Krankenhaus standhielt. Diese Untersuchungen fanden in Indien statt und werden darum von Kritikern als unwissenschaftlich bezeichnet.

Freiwilliges Fasten hat nach wenigen Tagen eine paradoxe Wirkung auf den Körper. Das Hungergefühl sinkt oder verschwindet, und der Fastende gerät in einen leichten Rauschzustand, die sogenannte Hungereuphorie. Das psychische Leiden nimmt ab, gleichwohl die körperlichen Kräfte auf lange Sicht kontinuierlich nachlassen. Tatsächlich kann ein gesunder Erwachsener bis zu 80 Tage lang völlig ohne Nahrung überstehen, solange er ausreichend trinkt. Ein Beweis für die reine Lichtnahrung wäre demnach erbracht, wenn das Nachlassen der physischen Kräfte trotz des Nahrungsverzichtes ausbliebe.

Persönlich finde ich die Leistung des menschliches Körpers bereits bewundernswert genug. Wir bestehen halb aus Materie und halb aus Licht, und so sollten wir uns auch im gleichen Maße um unsere physischen wie unsere nicht physischen Bedürfnisse kümmern.

Die Eigenresonanz hilft uns, das »psychische Gewicht« zu reduzieren. Die Kommunikation zwischen dem feinstofflichen und dem grobstofflichen Körper wird erleichtert. Gemüse ist so gesund, weil seine Ballast-, Bitter- und Giftstoffe unseren Körper herausfordern und wir unsere Eigenresonanz erhöhen. Die Vitamine sind zweitranging, was jeder erfahren kann, der künstliche Vitamine zu sich nimmt. Sie fühlen sich nicht »richtig« an. Es fehlen die Herausforderungen für den Körper, die kleinen, gesunden Vergiftungen. Die Dickdarmkrebs-Prophylaxe durch Kaffeekonsum schreibe ich einer vergleichbaren Wirkung zu. Bereits Paracelsus wusste, dass geringe Dosierungen giftiger Substanzen einen positiven Effekt auf den Körper haben, vergleichbar einer Impfung oder einem Muskeltraining. In geringen Mengen zu sich genommen, trainieren Gifte die Intelligenz unseres Körpers. Das Immunsystem bleibt in Alarmbereitschaft, unsere Abwehrkräfte werden gefordert. All das ist gesund.

Umgekehrt kann regelmäßiges üppiges Essen der Gesundheit abträglich sein. Die alte Regel, 3000 Kalorien am Tag zu sich zu nehmen, ist völlig überholt. Ich würde sogar sagen: Je weniger wir essen, desto länger und gesünder leben wir. Zurzeit nehme ich zwischen 1200 und 1500 Kalorien am Tag zu mir. Das reicht offensichtlich vollkommen aus, denn ich habe weder das Gefühl, zu fasten, noch nehme ich dabei ab. Diese Kalorienmenge werde ich über die nächsten Jahre weiter reduzieren. Anfangs musste ich bei sportlicher Aktivität die Kalorienmenge entsprechend erhöhen; das ist inzwischen nicht mehr der Fall. Tage, an denen ich mich nicht an die niedrige Kalorienmenge halten konnte, gibt es nicht mehr. Es ist ein Prozess. Und ich empfehle jedem dringend, ihn langsam, über Jahre verteilt, zu versuchen. *Fasten ist gesund. Nichts essen ist tödlich!*

Interessant zu beobachten ist dabei Folgendes: Kindliche Versorgungswünsche, ungestillte Liebes- und Geborgenheitsbedürfnisse sind bei Tieren und Menschen an die Nahrungsaufnahme gekoppelt. Mit dem Essen kompensieren viele Menschen einen emotionalen Mangel, die Lieb- und Freudlosigkeit im Leben, fehlenden Körperkontakt und mehr. Viel zu essen entspricht dem Versuch, diese emotionale Leere, den Hunger der Seele, mithilfe der Nahrung zu füllen. Manche Menschen stopfen sich regelrecht voll, um das bohrende Gefühl in ihrem Körper zu stillen. Ekel sich selbst und der Nahrung gegenüber, die in solchen Mengen zu sich genommen wurde, verstärken einander. Die wohlwollende Beziehung zu sich selbst, dem eigenen Körper und der Nahrungsaufnahme wird zusehends erschwert. Solche Menschen fühlen sich häufig von der Idee der Lichtnahrung angezogen. Sie glauben, mit dem Verzicht auf Nahrung auch ihre emotionale Leere loszuwerden.

Mein Vorschlag lautet, es umgekehrt zu versuchen. Wer seine emotionalen Mängel befriedigt, den seelischen Hunger stillt, kann viel leichter auf Nahrung verzichten. Es ist keine (Ersatz-) Liebe und keine (Instant-)Freude daran gebunden. Gesundes Fasten bringt nicht nur ein physisches Hungergefühl hervor, es lockt auch die damit verknüpften »psychischen Hungergefühle« an die Oberfläche. Stillen wir diese Bedürfnisse mit der bekannten Übung »Bedürfnisse stillen« (S. 36) und integrieren die verdrängten Gefühle, werden wir uns auch von ihrem Martyrium befreien.

Aus eigener Erfahrung kann ich sagen, dass alle psychischen Bedürfnisse in der Meditation befriedigt werden können. Mir hat das immer gereicht. Inwieweit auch alle physischen Bedürfnisse unseres Körpers durch Meditation gestillt werden können, kann jeder für sich selbst herausfinden.

Sollte es das Phänomen der Lichtnahrung wirklich geben, bin ich mir sicher, dass der Weg dorthin über das Stillen des seelischen Hungers verläuft. Und wer den Liebesdurst und Freudenhunger seiner Seele gestillt hat, dem wird das Erreichen weiterer Ziele herzlich egal sein. Versprochen!

Bestellungen beim Universum

»Lieber Hartmut,
am 14. Juli, zum Schluss unseres Heiler-Seminars in Glarisegg, hattest Du uns Kursteilnehmer gebeten, einen ›Wünsch dir was‹-Versuch zu starten und Dir zu gegebener Zeit Rückmeldung zu geben. Hier nun mein Bericht.

Die Vorgeschichte: Ich hatte mir ein Segelboot mit Liegeplatz am Bodensee gewünscht. Damit verbinde ich Freiheit, Unabhängigkeit, Erholung, Entspannung, Nähe und Liebe zu den Elementen Wasser, Wind und Wetter.

Da wir immer ein Boot hatten (ich bin am Bodensee aufgewachsen), hatte das Segeln für mich auch schon immer einen sehr hohen Stellenwert. Durch die Trennung von meinem ersten Ehemann vor vier Jahren ging mir dann das Boot ›verloren‹. Ich hatte aber immer den innigen Wunsch, wieder eines zu besitzen und aufs Wasser zu können.

Nun musst Du wissen, dass es nahezu unmöglich ist, am Bodensee einen Wasserliegeplatz zu bekommen, wenn man nicht mindestens 10–15 Jahre auf einer Warteliste gestanden hat. Dennoch habe ich es mir gewünscht, und ich wusste, irgendwann wird es so weit sein.

Resultat: Nun ist der Wunsch in Erfüllung gegangen. Seit gestern – also nur dreieinhalb Wochen nach der Wunsch-Prozedur – sind mein Mann und ich glückliche Besitzer eines Segelbootes mit Liegeplatz, sogar in unserer Nachbargemeinde! Weißt Du, wie groß der Bodensee ist? Ich kann es immer noch nicht richtig fassen. Das ist ein unglaublicher Glücksfall! Es glaubt uns keiner, wenn wir das erzählen – ›Glückskinder eben‹, heißt es dann. Durch ein paar ›Zufälle‹ hat sich das einfach innerhalb von ein paar Tagen so ergeben. Ich bin unsagbar dankbar dafür, und ich freue mich riesig!

Also Hartmut, das war nun wirklich ein Wunsch mit (herkömmlich gesehen) wenig Aussichten auf Erfolg – sozusagen der Härtetest. Ich glaube, der springende Punkt war, dass ich immer daran geglaubt habe, dass es klappen wird – irgendwann eben.

Vielen, vielen Dank, dass Du mir bei der Erfüllung meines Wunsches geholfen hast, indem Du mir ein offensichtlich sehr gutes Werkzeug an die Hand gegeben hast. Du siehst also, es ist schon was dran an der Sache.«

Die Technik, die ich für das Materialisieren entwickelt habe, entstand durch die Arbeit mit ungestillten Bedürfnissen. Die Frage stand im Raum, ob wir alle Bedürfnisse, die wir im Leben entwickeln, wirklich mit uns alleine ausmachen müssen. Meine Antwort darauf war: Nein. Eine erfüllte Partnerschaft, eine Familie und Wohlstand ist nichts, auf das ich freiwillig verzichten würde. Es schmälert meine Spiritualität nicht, sondern bereichert mein Gefühlsleben. Warum all dem entsagen?

Jetzt stehen wir natürlich vor der Schwierigkeit, dass wir oft nicht bekommen, was wir wollen und brauchen. Das kann in der Tat zu einer Verdunklung der Seele führen.

Um eine Arbeit oder einen Partner zu finden, die ideal zu unseren Bedürfnissen passen, sollten wir uns über unsere Bedürfnisse im Klaren sein. Was genau brauchen und suchen wir? Dies ist der Magnet, mit dem wir das Gegenstück anziehen wollen.

Fühle in deinen Körper hinein und betrachte deinen Wunsch. Welches Bedürfnis ist an diesen Wunsch geknüpft? Fühle in dieses Bedürfnis so tief wie möglich hinein.

Jetzt visualisiere das Gegenstück außerhalb von dir, das perfekt zu deinem Bedürfnis passt. Zwei Energien tauchen auf wie zwei Seifenblasen: das Bedürfnis in dir und die Erfüllung außerhalb deines Körpers. Bringe diese beiden Energien jetzt zusammen. *Dass du dir die Erfüllung deines Wunsches gönnst, ist die Verbindung zwischen dir und der Welt.* Die beiden Blasen werden jetzt eine gemeinsame Kugel bilden. Erst kleben sie wie Seifenblasen zusammen, dann verschmelzen sie miteinander. Was du dir nicht gönnst, das wirst du auch schwerlich erreichen. Aber sobald du dir die Erfüllung deines Bedürfnisses gönnst, können diese Energien zusammenfinden.

Alle verschlungenen Pfade führen uns letztlich zu uns selbst zurück. Sich zu einer Lebensweise zu zwingen, die nicht zu einem passt, würde ich niemals empfehlen. Höre auf dein Herz, wenn es zu dir spricht! Niemand belügt dich außer du dich selbst. Darum ist es so wichtig, ehrlich zu sich zu sein. Was immer dich belastet, nenne es beim Namen. Was immer dich stört, mach es dir bewusst. Nur die Gefühle, die du betrachtest, kannst du lösen. Und nur die Menschen, die du in dein Herz lässt, wirst du auch fühlen.

Es hat nie eine andere Wahrheit gegeben als diese. Im Herzen sind wir alle eins. Es wird Zeit, dementsprechend zu leben.

**Geführte Meditationen zu diesem Buch sind unter
www.lohmann.momanda.de
für 6,99 Euro als Download verfügbar.**

1. Bedürfnisse stillen (12 min.)
Alte, ungestillte Bedürfnisse in sich zu entdecken, um sie zu stillen, ist einer der wichtigsten Schritte in Richtung Heilung und Lebensglück.

2. Liebe deine Angst (12 min.)
Der Mangel an Liebe gegenüber unseren Ängsten führt zu einem negativen Empfinden der Ängste im Körper. Sobald wir lernen, sie zu lieben, fühlen sich selbst große Ängste sehr angenehm im Körper an.

3. Die Versöhnung mit der Urangst (12 min.)
Die Urangst wächst und gedeiht in unserer Gesellschaft, weil wir verlernt haben, uns sicher und geborgen zu fühlen. Die Versöhnung mit der Urangst führt zu einer Lockerung des Körpers und Entspannung des Geistes. Es wird Zeit, wieder zu lernen, wie sich unser Körper und unser Leben ohne die Urangst anfühlen.

4. Die Wut herausstrahlen (12 min.)
Wut ist – wie jedes andere Gefühl – als reine, ungebremste Energie sehr angenehm und entspannend. Zu erlauben, dass die Wut als Energie aus uns herausstrahlen darf, befreit uns von ihrem Druck. Je weiter wir unsere alte, vergrabene Wut herausleuchten, desto tiefer wird der Friede, den wir inmitten unserer Wut finden.

5. Das Gewissen erleichtern (12 min.)
Ein belastetes Gewissen wird als eine große Bürde empfunden. Sie von den Schultern zu nehmen bedeutet, den eigenen Körper nicht länger als Austragungsort alter Konflikte zu missbrauchen. Die verborgene Selbstbestrafung weicht einem liebevollen Umgang mit sich selbst.

Anmerkungen

1 Mehr dazu in meinem Buch »Grundlagen der energetischen Heilung«, KOHA Verlag 2011.

2 Trigger: Schlüsselreiz, der alte seelische Verletzungen und Gefühle aktiviert. Als Trigger können auch sehr schwache Signale wirken, zum Beispiel ein Datum, ein Geruch, die Geste eines Menschen, ein Geräusch oder ein Tierlaut.

3 Mehr dazu in meinem Buch »Heile dich selbst – was die Aura schützt und nährt«, KOHA Verlag 2013.

4 Der Unterschied zwischen einem Psychopathen und einem Soziopathen liegt darin, dass der Psychopath durchaus Beziehungen zu anderen Menschen aufbauen kann. Ein Soziopath ist dazu nicht mehr in der Lage, weil er nicht einschätzen kann, welche Folgen sein Handeln für andere hat. Einem Psychopathen fehlt das Mitgefühl (Angst um andere), einem Soziopathen fehlt das Gefühl für Gefühle (Angst) komplett.

5 Quelle: Tiihonen Jari, Wahlbeck Kristian et al.: Effectiveness of antipsychotic treatments in a nationwide cohort of patients in community care after first hospitalisation due to schizophrenia and schizoaffective disorder: observational follow-up study. British Medical Journal (BMJ) 2006; 333: 224–227.

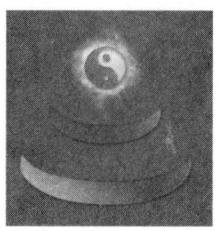

Deine Adresse
für weiterführende Seminare
und energetische Heilungen

www.hartmut-lohmann.de
Info@hartmut-lohmann.de

☉ ☉ ☉

DIE AURA FÜHLEN UND SEHEN
Entwickle deine Fähigkeit,
die lebende Energie der Schöpfung zu sehen

Die Aura spiegelt die Bewegungen und Impulse unserer Gefühle und Gedanken wider. Erfahren Sie selbst die subtile Energie der Aura in praktischen Übungen und Anleitungen.

EIGENRESONANZ
Spüre den Klang deiner Seele im Kosmos

Wir alle besitzen – trotz der unendlichen Weite, in die wir eingebettet sind – unsere ganz eigene Frequenz. Sie macht uns klar erkennbar, einzigartig wie unser Fingerabdruck. Diese Schwingung zu verstärken bedeutet, die innerste Kraft zu vergrößern, die uns zu dem macht, was wir sind. Und sie versöhnt uns mit dem, was wir nicht sein wollen ...

AKTIVIERUNG DER KUNDALINI
Erwecke die heilende Kraft der Erde in dir

Uns allen wohnt eine Kraft inne, die in den alten Traditionen »Kundalini« genannt wird. Diese Kraft ruht am unteren Ende der Wirbelsäule und wird symbolisch als eine schlafende Schlange überliefert. Erwacht diese Kraft, steigt sie auf, öffnet und befreit sämtliche Chakras, um sich mit dem höchsten Bewusstsein zu verbinden und so Himmel und Erde im menschlichen Körper zu vereinen.

AUSBILDUNG ZUM ENERGETISCHEN HEILER
Lerne deine Heilkräfte für andere Menschen zu bündeln

Die Lebensenergie schwingt in Frequenzen, die ein ebenso farbenfrohes Spektrum auffächert wie unsere materielle Welt. Lerne die Energie des Lebens korrekt einzusetzen. Gemeinsam werden wir die Chakras reinigen und die so hinzugewonnene Energie auf andere Menschen übertragen.

Über den Autor

Hartmut Lohmann entdeckte während seines Studiums der Psychologie in Maastricht in tiefen Meditationen seine Gaben des Heilens und Hellsehens. Als westlich erzogener und geschulter Mensch dauerte es Jahre, bis er ihnen Vertrauen schenkte. Inzwischen sind seine Fähigkeiten so ausgereift, dass er auch über räumliche Distanzen hinweg die Aura detailliert betrachten und in das Körperbewusstsein anderer Menschen hinein wirken kann.
Er war Stadtschreiber von Otterndorf 2007 und Stadtschreiber von Ranis 2008.
Im Jahr 2009 eröffnete er seine energetische Heilpraxis in Bochum.

www.hartmut-lohmann.de
Info@hartmut-lohmann.de

Hartmut Lohmann
Grundlagen der energetischen Heilung
Warum sie wirkt, wie sie funktioniert

€ 14,99
gebunden, 208 Seiten
ISBN 978-3-86728-164-5

Welch außergewöhnliche und faszinierende Erkenntnisse über das Weben und Wirken einer feinstofflichen Kraft! Hartmut Lohmann erzählt uns vom Chi, einer gläsern rauchenden, farbig schillernden Energie und ihren unterschiedlichen Erscheinungsformen. Die Leser gewinnen Einblicke, die so vertraut wie fremd erscheinen: Einsichten in eine Welt der pulsierenden Informationen, der ätherischen Gefühle und leuchtenden Energiebahnen.

Hartmut Lohmann
Grundlagen der energetischen Heilung
Die sieben Quellen der Freude – Meditationen

€ 12,99
ISBN 978-3-86728-165-2

Erfahren Sie mit dieser CD die Chakras als farbige Räume der Seele. Spüren Sie Ihre Meridiane in feinstofflichen Kreisläufen und erweitern Sie Ihre Wahrnehmung über den Körper hinaus.
Tauchen Sie ein in eine Welt des Klangs und des Lichtes, geführt von einem Heiler, der die Energie des Lebens sehen und lenken kann.
Musik: Sayama

Hartmut Lohmann
Heile dich selbst
in 7 Schritten

Meditations-CD
Laufzeit ca. 60 min
€ 12,95
ISBN 978-3-86728-226-0

Wir sehnen uns nach Freiheit von allen Sorgen und Nöten des Lebens – denn es ist die Angst, niemals von seelischen Lasten frei zu sein, die uns am stärksten gefangen hält. Mit den geführten Meditationen dieser CD, die den Stufenweg des Buches »Heile dich selbst – Was die Aura schützt und nährt« begleiten, reinigen wir die Abladestellen der negativen Gefühle in unserem Körper; Schritt für Schritt befreien wir unseren Geist von Zwängen, Fesseln und Automatismen, um endlich die Schwelle zu dauerhaftem Glück und Frieden zu überschreiten.
Musik: Sayama

Hartmut Lohmann
Heile dich selbst
Was die Aura schützt und nährt

TB-Kompakt, 112 Seiten, farbig
€ 7,99
ISBN 978-3-86728-212-3

Befreie dich von Blockaden und integriere die gegensätzlichen Energien und Emotionen, die das tägliche Leben in dir weckt! Stress, Leistungsdruck, Zukunftsängste, unterdrückte Wut und Trauer … Wir alle kämpfen mit vielem, was unsere Aura belastet und unser Wohlbefinden schmälert, und verharren oft in der Opferrolle. Statt uns schwächen und zermürben zu lassen, gilt es jedoch, die Energien nicht zu bewerten, sondern sie uns nährend und stärkend zunutze zu machen. Jede Bürde oder Angst, jeder Schmerz wird damit zu einer reichen Quelle der Kraft.